AF212218

Las niñas de Elna
Primera edición: enero de 2024

©De los textos: Solanes, Marc; Otero, Miqui (prólogo); Vidal, David (prólogo);
©De esta edición: Pol·len Edicions sccl

www.pol-len.cat info@pol-len.cat
c/ Pere Serra, 1-15 08173 Sant Cugat del Vallès

Diseño y maquetación de la cubierta y del libro: Pol·len Edicions sccl
Corrección: Anna Carbonell Garrido
Impresión: Qpprint, Catalunya

ISBN: 978-84-18580-96-3

ÍNDICE

A María. Por su herencia resiliente. Por su lucha inquebrantable.

8

PRÓLOGO
Miqui Otero y David Vidal
Noviembre de 2023

1.-

Este prólogo podría arrancar con un incendio. Con un incendio de una catedral. Con un incendio de una catedral observado por una niña. Con un incendio de una catedral observado por una niña que no quiere mirar.

Un día de julio de 1936, una niña colgada de la mano de la madre mira (porque la mamá la obliga a ver) cómo arde la catedral de la Seu Vella de Lleida. No sabemos aún nada de estos dos personajes, pero un incendio siempre es un buen arranque porque ilumina preguntas: ¿Por qué arde? ¿Por qué insistimos en mirar?

Permitidnos un pequeño rodeo, siempre útiles antes de resolver cualquier asunto en un texto. Cierto día se incendió un edificio cerca del hogar de Jean Cocteau. El artista contemplaba el baile de llamas con un amigo, cuando este le preguntó: «¿De todo lo que guardas, si un día ardiera tu

casa, qué te llevarías? Contesta rápido, sin pensar».
Cocteau quizás ya lo tenía pensado de antes,
porque respondió: «El fuego».

En esa escena de Lleida, sin embargo, no hay
respuestas todavía ni tampoco espacio para las
ocurrencias. Sólo una madre que le dice a la niña:
«Mira esto, Teresa, míralo con tus propios ojos».

Una madre, María Ferrer Ferrer, con un fuego
dentro, una hoguera secreta y antifranquista, da
un consejo vital, pero también periodístico, que
podría seguir su bisnieto, autor de *Las niñas de
Elna*, el libro que sostiene el lector en sus manos:
mira cómo arde, míralo con tus ojos, no apartes la
mirada. Aunque las llamas no dejen ver, las cenizas
pueden ser fértiles.

2.-

Sus hijas, hoy nonagenarias, se refieren a María
como «la mujer que nació debajo de una col». Pero
nadie nace debajo de una col. Ellas la llaman así
porque hay un pasado lleno de ángulos ciegos
y puntos negros. Y porque quieren y no quieren
enfocarlos.

Marc Solanes, casi ocho décadas después del incendio, sí quiere mirar atrás. La mirada es anterior a la visión, decía Carmen Martín Gaite, porque implica el gesto de querer ver. Así que el autor afina la mirada para poder contar una historia que nadie parece haber visto, la vida de alguien que se dice que nació debajo de una col, de quien nadie, ni sus hijas, sabe demasiado.

El autor, con una fogosa vocación de reporterismo de grandes temas y personajes, afirma en uno de los capítulos que si su yo adolescente supiera que acabaría entrevistando a su abuela o a sus tías se habría reído a carcajadas. Pero ahí está, subiendo los trece escalones para llamar a la puerta y para darse cuenta de que a menudo lo más crucial, lo que mejor puede explicar uno, es lo que quizás no querría explicar (para no remover demonios familiares) pero lo que no puede dejar de explicar. Porque le arde y porque está cerca.

Como esto: la historia de una mujer avanzada a su tiempo, que trabajaba como sombrerera, afiliada al comunismo de forma clandestina, primero levemente desapegada de sus hijas y luego separada de ellas por la Historia en mayúsculas (la peor, la de los fascismos del siglo XX).

3.-

El bisnieto y el autor son la misma persona y eso a veces no es fácil de conciliar. Tiene que preguntar lo más incómodo y barajar sus emociones con el rigor del texto, el relato que sucedió hace un siglo con el que vive él ahora. Tiene, por así decirlo, que entrevistar a fantasmas y luchar contra la desmemoria de las supervivientes de la historia y de la Historia, que es lo que muchas veces el ser humano se olvida de hacer (y por eso repite errores y recicla infamias).

Todo empieza cuando una de las protagonistas ve un documental sobre la Maternidad de Elna, donde nacieron más de quinientos niños entre 1939 y 1943, muchos de ellos rescatados de los campos de concentración del sur de Francia, expulsados por la Guerra Civil.

Yo vi eso, yo estuve allí, dice una de las hijas de María. Pero eso no es posible, porque en el centro, meca francesa de la resistencia antifranquista, sólo aceptaban a embarazadas y porque la madre que vio arder una catedral no estaba preñada y porque no tenía, en teoría, contactos más allá de Lleida.

Es decir, una de las hijas de María afirma que estuvo allí, pero no pudo estar allí. La memoria familiar ha querido (o no ha podido evitar) olvidar qué pasó. Y sólo una imagen, o una fotografía, puede dar luz a quien quiere mirar y ver, Marc Solanes.

4.-

Sólo la literatura puede contar, incluso explicar, una realidad que no encaja mediante un texto que sí lo hace.

Así que Marc investiga y alterna en un solo texto escenas de entonces y de ahora, trenzadas por la angustia de las ascuas y la emoción del descubrimiento, un hallazgo que es a la vez familiar, íntimo, histórico, político y, también, textual. La investigación es doble: poder contar qué pasó y averiguar cómo contarlo.

El riguroso trabajo del autor que ha hecho posible este libro invoca y reivindica la práctica del periodismo literario, también conocido como periodismo narrativo o incluso como crónica, especialmente en Latinoamérica. Esta práctica se nutre de una larga tradición, tan antigua como el propio periodismo. Desde los reportajes con algunos problemas de veracidad de un procaz Edgar Allan Poe, pero también desde los rigurosos relatos de Theodor Dreiser o Nellie Bly hasta llegar a los nuevos periodismos norte-americanos, latinos o europeos. Una tradición a veces relegada por el periodismo objetivista industrial, hegemónico, que ha osado mirar por encima del hombro los trabajos de John Steinbeck o Truman Capote, o más recientemente los de Leila Guerriero o Gabriela Wiener, a los que acusaba de subjetivistas o peor aún, de literarios —en un mal sentido nunca precisado, como si la literatura no fuera, como es el periodismo, una forma de conocimiento y un acto de mediación de naturaleza lingüística.

Este periodismo literario es a la vez, pues, tradición e innovación, ya que desasirse de la agenda mediática para proponer la inmersión en historias desconocidas o, muchas veces, como la que cuenta en este libro Marc Solanes, escondidas, supone el riesgo de ir por libre, de oxigenar el debate público, de iluminar las zonas penumbrosas de la sociedad.

En el máster de Periodismo Literario de la Universidad Autònoma de Barcelona profesamos una asignatura llamada Mirada y Método, porque entendemos que la práctica de este tipo de periodismo resulta imposible sin ambas. Efectivamente, el periodismo literario no se reduce al uso de unos procedimientos de composición y estilo extraídos de la novela realista, aunque esta sea la parte más visible de este trabajo narrativo: construir personajes, utilizar, como pedía Tom Wolfe, la escena y el registro total del diálogo, escoger uno o más puntos de vista alternativos a la omnisciencia propia del periodismo convencional. Todo ello sería imposible sin el trabajo sobre el terreno, con los métodos de la etnografía: observación participante, entrevistas en profundidad, recopilación documental, inventario de hábitos, escrupulosa recolección de caracteres y detalles. Así trabajan los etnógrafos y antropólogos, como el cubano Miguel Barnet, que luego escribe también sus trabajos en forma de novela. Al final lo expresó mejor, en solo tres imperativos, Gabriel García Márquez: ve, vívelo y cuéntalo.

5.-

Las mejores citas las suelen poder decir, de forma intercambiable, célebres escritores y familiares cercanos: ve, vívelo y cuéntalo.

—Acábalo, por favor. Mi madre no te va a poder contar nada más, pero acábalo. Hazlo por todas ellas.

Eso, cuéntalo, le dice la hija de la cuñada de la protagonista. Antes, el autor le ha reconocido, en una cafetería, lo siguiente: «Me he dado cuenta de que a veces no es que la gente no quiera contarte algo doloroso de su pasado, simplemente hay cosas que se olvidan para poder sobrevivir».

Con dificultades técnicas y dudas morales, Marc Solanes le ha hecho caso, a ella y a su propio primer impulso. Ha esculpido esta historia a partir de muchos silencios y de algunas intuiciones iniciales, y hemos tenido el honor de presenciar dicho proceso, al inicio confuso, tentativo, y al final decidido y fértil. Hubo que seleccionar lo que se contaba y lo que no, porque las historias familiares se deshilachan de repente, cuando se las examina. Cabe dejar constancia de la vocación decidida del autor: tras estas páginas hay centenares de horas de entrevistas, de lecturas de archivos, de viajes físicos y emocionales a un pasado que la propia familia prefería evitar. Estos trabajos han permitido escribir un texto con una elección inteligente de los puntos de vista y un uso eficaz de la escena. Y ha permitido, finalmente, hacer desde lo personal una aportación a la historia colectiva. ¿Quiénes son las niñas de Elna? Este texto responde —o no— tras la investigación a esta pregunta, pero en el trayecto una historia familiar ilumina un pasado colectivo.

6.-

El libro va dedicado «A María por su herencia resiliente. Por su lucha inquebrantable». Una frase que se podría aplicar, también, a su autor.

DRAMATIS PERSONAE

Neus Casulleras Sitjas: hermana de Pere y persona que conoció más profundamente a los Casulleras Ferrer. Vivió largas temporadas con ellos. Mecanógrafa. Tiene ciento tres años. Nació en Balaguer, Lleida, en 1920.

Pere Casulleras Sitjas: marido de María y padre de Teresa, Luisa, Pilarín y Núria. Mecánico. Nació en Sant Joan de Vilatorrada, Manresa, en 1893.

Teresa (Maritere) Casulleras Ferrer: hija mayor de María y Pere. Nació en Albalate del Arzobispo, Zaragoza, en 1927.

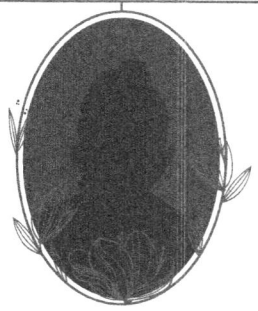

Pilar (Pilarín) Casulleras Ferrer: segunda hija de María y Pere por detrás de Teresa. Nació en Lleida en 1928.

María Ferrer Ferrrer: verdadera protagonista de esta historia. Sombrerera de profesión. Se cree que nació en Apiés, Huesca, en 1898 o 1899. Murió misteriosamente en Zaragoza el 17 de diciembre de 1940.

María Luisa (Marisa) Casulleras Ferrer: tercera hija por orden cronológico de María y Pere. Nació en Lleida en 1930.

Núria (Nuri) Casulleras Ferrer: hija menor de María y Pere. Nació en Cervera en 1933.

Ni siquiera sus hijas recuerdan qué cara tenía. El misterio sobre María Ferrer Ferrer planeaba por encima de la familia de forma invisible, pero palpable, desde hacía más de ochenta y cinco años. Su desaparición a finales de la Guerra Civil Española en la estación de tren de la ciudad de Lleida, delante de sus tres hijas, desató una serie de conjeturas sobre su todavía desconocido paradero final.

Teresa, la hija mayor, se negaba a hablar de ello bajo cualquier circunstancia, y todavía guardaba bajo llave los secretos de su desaparición. Núria, la pequeña, se refería a ella como «la mujer que nació debajo de una col», por el completo desconocimiento de las niñas sobre su historia familiar. Un tema tabú a prueba de bombas, las mismas que cayeron sobre la España republicana del 36, que no se empezó a resquebrajar hasta una fría tarde de invierno de 2017. Por entonces, Luisa, la hija mediana, exclamó un sonoro e inequívoco «yo estuve allí» mientras veía la televisión rodeada de sus dos hijos y sus dos nietos. Era la primera vez que se hablaba en voz alta del tema tras casi ocho décadas de silencio.

En la pantalla, un documental retrataba los años de actividad en la Maternidad de Elna, en un pequeño pueblo francés del mismo nombre. Allí nacieron, se podía escuchar, más de quinientos niños entre 1939 y 1943, la mayoría de ellos rescatados de los campos de concentración ubicados en el sur de Francia. Solo aceptaban a mujeres embarazadas o con hijos todavía muy pequeños.

¿Cómo podía ser que tres niñas de doce, nueve y seis años estuvieran allí, si María no tuvo más hijos? ¿Cómo acabaron en un lugar tan simbólico para la resistencia antifranquista si no tenían ningún contacto más allá de Lleida? Todo aquello no se resolvería hasta cuatro años más tarde, una calurosa mañana de otoño, muy cerca de la frontera pirenaica.

Esta es una de las historias de supervivencia más crudas jamás contada, y que todavía perdura en el tiempo hasta el día de hoy. Esta es la historia de las niñas de Elna.

Virgen del Pilar, 32, Sardanyola (Barcelona)
Dirección del Remitente: Jorro Nogués 17, 2º,
Zaragoza

4-11-40

Queridísima hija,

Recibí tu cariñosa carta del 11 y no sabes la inmensa alegría que me diste con todas las noticias que en ella me das.

No tengo que perdonarte, querida pequeña, pues me conformo con tener noticias de tanto en tanto. Supongo que ya habrás visto a Marisa y que habéis charlado de mil cosas, que tú contarás a la mamá y me dirás si sigue igual o ha crecido mucho. Nuri ya veo que sigue tan frescales como siempre, pero me alegro muchísimo de que no esté triste y que esté gorda y alta.

No me cuentas nada de lo que te dijo tía Cecilia, ni si llevó a la nena.

Le dices a la tía Francisca que también yo tengo muchas ganas de verla y charlar de muchísimas cosas,

22

pero por ahora es imposible, tendremos que tener paciencia un tiempo.

Hoy escribo a Maria Arderiu y le diré lo que me dices de ella.

Con muchísimos recuerdos de los tíos, y a la tía cuidarla bien para que se cure pronto del todo.

Y a ti, chiquilla mía, un fortísimo abrazo con toda el alma de tu

Nicolasa

Carta[1]

1. Véase toda la correspondencia en los Annexos.

LA CATEDRAL
Julio de 1936
Lleida

Teresa caminaba agarrada de la mano de su madre por la avenida que bordea el río Segre. A pesar del calor que emanaba el tórrido asfalto, la poca gente que paseaba por los aledaños llevaba ropa más larga de lo habitual. Desde el estallido de la guerra, dos semanas atrás, parecía como si todo el mundo se intentara proteger incluso los escasos pedazos de piel que quedaban al aire con las prendas de verano. A la altura de la Catedral, se atisbaba un inmenso haz de luz anaranjada que sobresalía de los edificios contiguos.

—Ven, vamos —dijo María a su hija mientras cruzaban la carretera a paso ligero.

María, que gozaba de una complexión bastante atlética, fue aumentando el ritmo de sus pasos hasta el punto de que Teresa empezó a dar pequeños saltos para seguir su ritmo sin soltarse de la mano. Algunas veces, el vestido de su madre, aunque era más corto de lo habitual para la época, se levantaba y le daba en la cara, lo que impedía a Teresa saber por dónde iban exactamente. Doblaron la esquina en la Avenida de Blondel y, seguidamente, se internaron en el callejón de la Vila de Foix, que quedaba a pocos metros a la izquierda. Las piernas musculosas de María se detuvieron de golpe cuando llegaron a la mitad de la calle. Cuando Teresa levantó la cabeza, el corazón le dio un vuelco.

La Catedral estaba envuelta en llamas. Justo enfrente, al final de la callejuela, había un montón de bancos y objetos eclesiásticos apilados que servían de pira para una hoguera. Las llamas alcanzaban la altura del fuego que asolaba el edificio. Entre los objetos que quemaron durante días estaba la sillería del coro al completo, obra de Lluís Bonifàs en 1774, y los retablos de Juan Adán, de finales del siglo XVIII.

Hombres y mujeres seguían sacando como podían los objetos del interior del edificio para lanzarlos a la hoguera, que se erigía imponente y que anunciaba el inicio de la catástrofe que estaba por llegar. Un hombre agitaba un trapo blanco inmenso atado a un palo de madera con las iniciales FAI[2] escritas a mano. Teresa se tapó los ojos con la mano que tenía libre, sin soltar con la otra la de su madre. María se giró hacia ella al instante y, con delicadez, le apartó la mano de los ojos y se la bajó a la altura del cuello.

—Mira esto, Teresa. Míralo con tus propios ojos.

Teresa quiso volver a taparse los ojos ante aquel horror, pero el miedo a desobedecer a su madre se anteponía incluso a aquel espectáculo esperpéntico, que no la dejaría dormir tranquila durante el resto de su vida. Siempre recordaría aquel día como el final de su vida tal y como la había conocido hasta entonces. Como el día en el que la niña de nueve años que llevaba dentro moriría para siempre, de forma irremediable. Como el día en que su madre, María Ferrer Ferrer, la obligó a mirar cómo se quemaba la Catedral de la Seu Vella de Lleida, sin llegar a explicarle nunca por qué lo hizo.

---

2. Federación Anarquista Ibérica (FAI).

EL COMIENZO

Pere Casulleras se pasaba todas las noches leyendo libros de mecánica con una obsesión casi enfermiza. Muchas veces, incluso, se acababa peleando con su padre por haber consumido todo el aceite que quedaba para mantener la luz encendida hasta la madrugada. En 1922, recién cumplidos los veintinueve años, se fue a vivir a Lleida —tenía pánico a las grandes ciudades— para cumplir su sueño: empezar a forjarse un nombre como mecánico. Lo hizo gracias a un trabajo como conductor de autobuses en la primera línea que se inauguraba entre la capital leridana y Zaragoza.

Aunque creció en Manresa, se trasladó a Vilanova de Bellpuig en plena adolescencia. El motivo fue que a su padre, Francesc Casulleras, le ofrecieron hacerse cargo de la turbina eléctrica que suministraba energía al pueblo. «Compañía Eléctrica Resplandor Segarra-Urgellés», podía leerse en la entrada. Allí se mudaron con el resto de la familia en 1911. Un trabajo estable en un entorno idílico. Ni él ni su mujer, con quien había contraído matrimonio recientemente, se lo pensaron dos veces.

Pere era el primogénito de todos los hermanos —acabarían siendo diez—, y era hijo del primer matrimonio de su padre. La muerte prematura de su madre no fue la única desgracia de la familia. Y es que Francesc, su padre, tenía un gran defecto que todavía hoy se pasa por alto en las comidas familiares cuando la conversación acaba refiriéndose a él. Con sus zapatos perfectamente encharolados y el pelo engominado bajo algún sombrero caro, se gastaba gran parte de su sueldo —y del dinero de la empresa— en los mejores cabarés y casinos de Barcelona. Ninguno de sus hijos le perdonaría nunca todas aquellas noches de gloria y desenfreno, donde el bienestar de la familia quedaba relegado a un segundo plano. O, peor aún: quedaban bajo la única responsabilidad de su esposa.

Francesc, expulsado del negocio familiar —era propiedad de su suegro— y con tres bocas que alimentar, se apresuró a encontrar un nuevo trabajo y otra mujer a la que encomendar el cuidado de sus hijos. «El trabajo ya estaba hecho, y yo no tenía ganas de tener más hijos. Por eso dije que sí», explicaría Francesca, su segunda mujer, años más tarde a sus nietos. El resultado fueron siete hijos más. Entre ellos estaba Neus, quien tendría una relación muy estrecha con Pere, su hermano, y con la mujer de este: María Ferrer.

Pere conoció a su futura esposa en uno de los primeros viajes que realizaba como conductor de autobús a Zaragoza. Fue en Albalate del Arzobispo, el pueblo donde pasaban la noche antes de llegar a la capital aragonesa. Siempre se hospedaba en la misma posada, regentada por un humilde matrimonio del norte de Huesca. No por nada en especial, sino porque no había mucho más donde escoger. Fue allí donde se encontró con María, que era la hija de los dueños. Por entonces tenía apenas veintiún años, pero irradiaba un empoderamiento impropio de una mujer de principios del siglo pasado. Pere se enamoró al instante. Víctimas de un amor quizás demasiado intenso para los tiempos que vendrían, los dos jóvenes se instalaron en el pueblo, donde nacería su primera hija: Teresa.

Él empezó a trabajar en un pequeño taller de autobuses. María, a confeccionar sombreros en un taller improvisado en casa. Esa fue la primera vez que Neus, la hermana pequeña de Pere, se fue a vivir con ellos para encargarse de la recién nacida. Un año más tarde, la pareja se trasladó a Lleida. Allí, al fin, él pudo cumplir su sueño: abrir un taller propio. Lo hizo justo enfrente de la casa que alquilaron, en el número 10 del Carrer Nord. Fue el lugar donde nacieron el resto: Pilarín, María Luisa y Núria, todas ellas antes del estallido de una guerra que destrozaría sus vidas para siempre.

María nunca acabó de encajar entre los Casulleras. El hecho de tratarse de una «maña» que no hablara catalán todavía era medianamente soportable. Pero que además tuviera una personalidad abrumadora, un carácter resiliente y un modo de vida que no dependía en absoluto de su marido hicieron que la aceptación de los padres, primos y hermanos de Pere no acabara de llegar nunca. «Era muy zalamera, la María», repetían, una y otra vez, muchos de los familiares con los que me entrevisté a lo largo de estos dos últimos años y medio. ¿Pero era eso suficiente para lo que finalmente ocurriría?

Tenía que haber algo más. Siempre había estado convencido de ello, y la primera alusión al pasado de mi abuela, Luisa Casulleras, al ver la Maternidad de Elna en la televisión, era la prueba inequívoca de ello. Había llegado el momento de empezar a preguntar. Sabía que no iba a ser nada fácil y que buena parte de la familia no estaría de acuerdo con ello. Pero ya no había vuelta atrás.

LUISA
Noviembre de 2019
Cerdanyola del Vallès, Barcelona

Desde el momento en que mi abuela reconoció aquella casa, no tardé ni un segundo en decidir escribir sobre aquello. Estaba claro que no iba a ser recordado por ser uno de los grandes periodistas de recuperación de la memoria histórica de este país. Ni tan siquiera de Barcelona. Pero cuando un tema me despertaba el olfato periodístico de forma tan intensa y repentina, siempre acababa descubriendo algo que tenía un mínimo de relevancia.

Tenía veinticinco años y habían pasado cuatro meses desde que había empezado mi periplo como periodista *freelance*. Tras haber pasado por una redacción de prensa en papel en Andorra y un par de departamentos de comunicación corporativa —en uno de ellos incluso llegaron a ofrecerme la dirección—, acabé por lanzarme a la piscina de lo que siempre había soñado. Escribir sobre lo que me gustaba —eso no acabaría siendo siempre así, como muchos ya habréis pensado— e intentar ir construyendo un pequeño camino en mitad de una precariedad sistémica cada vez más acentuada.

Y aquí estoy de nuevo. Tras el gran tema tabú del que nunca se ha permitido hablar y que, por una tremenda casualidad —o eso quería creer—, empezaba a dejarse entrever. Quién me iba a decir que mi gran proyecto de investigación histórica, que acabaría durando más de dos años y medio, sería intentar arrojar algo de luz al secreto de la enigmática María.

Son las cuatro y media de la tarde. Los rayos de sol entran vívidos por el entresijo que permiten dos grandes cortinas blancas. Esta es la primera vez que de forma oficial me dirijo a casa de mi abuela para hacerle una «entrevista». Sí, una entrevista a mi propia abuela. Si me lo hubieran dicho unos años antes, hubiera reído a carcajadas. Pero todo esto no tiene ni pizca de gracia. Ni el tema es agradable, ni ella ha hablado nunca de «aquello». Con nadie. Ni siquiera con sus hermanas.

El piso está en Cerdanyola del Vallès, a menos de quince minutos en coche de Barcelona. Cuando llego al rellano, me encuentro ante una puerta entreabierta para que yo mismo me abra paso en su pequeña madriguera, como si dijera: «Si vienes TÚ a MI casa, haz los honores de presentarte tú mismo». Luisa siempre había sido de esas pocas despreocupadas que dejan todo abierto, por una confianza ciega en la bondad humana que nuestra generación es incapaz de entender.

En la casa se respira una moralidad casi extinta, delicadamente depositada en todos y cada uno de los detalles que la adornan. Aunque no esperara visitas, todo en la casa se disponía en un orden casi matemático para que los recuerdos no se confundieran entre ellos. Le doy dos besos y me ofrezco a llevar la bandeja del café hasta el comedor, donde se debe fraguar la conversación que tanto tiempo lleva —y llevamos— esperando.

—No sé cuánto tiempo estuvimos allí, pero imagino que mi madre debía ser alguien importante. Comida, duchas, maestros, vestidos nuevos… en plena posguerra. ¿Es raro, verdad?

Me habla con la mirada fija en la mía mientras tambalea una pequeña taza de café con el asa rota. Luisa es la segunda hermana más pequeña de las cuatro. Por detrás de ella solo queda Nuri. Aunque ya tiene ochenta y nueve años, su discurso es asombrosamente coherente. Mucho más, incluso, que cuando habla conmigo de cualquier otra banalidad. Con una clarividencia envidiable y una conexión semántica sin ningún fallo evidente, mi abuela me explica, caminando de puntillas por la frontera del llanto, cómo salieron de España en plena retirada.

—Pasamos un viaje aterrador. Mi versión es un poco más suave, porque solo tenía siete años y tengo un recuerdo algo más amable que el de mi hermana mayor. Si ella te lo explicara, estoy segura de que la historia no sería la misma. Pero ella no va a hablar, ya lo sabes, Marc… Además, yo no recuerdo mucho a mi madre, ¿sabes? Es muy raro. De hecho, la miro en las pocas fotos que hay de ella y no soy capaz de reconocerla…

Todavía no le he preguntado nada, y con este mazazo continúa explicando una historia demasiado común entre los refugiados españoles y catalanes en su exilio hacia Francia. Durante el trayecto, me cuenta, pasaron por Cervera.

—Mi padre salió a trabajar al taller, como cada día. Nos quedamos en casa con mi madre. Acabábamos de comer, creo…. Minutos después, cayó una bomba en la calle de enfrente y destrozó toda la planta baja de la casa. La escalera que bajaba desapareció por completo —me responde sin reparos.

¿Otro mecánico? ¿En Cervera? Esto suena cada vez más extraño. Más tarde descubriría que nada de aquello era verdad. Me dice que era incapaz de recordar cómo bajaron, porque la escalera ya no estaba. Me lo repite hasta tres veces. Una incógnita que, por insignificante que parezca, recoge todo el dolor contenido en esas casi nueve décadas en que recordar siempre había estado prohibido. Hasta hoy. Tras pronunciar esas últimas palabras, se le pierde la mirada hacia la parte superior de la ventana. Con ojos indescifrables, me da la sensación de que está viendo a María.

La puerta se cerró de nuevo. Su madre se había vuelto a ir sin despedirse. Y cuando lo hacía, eso significaba que estarían varios días sin saber de ella. Y que su padre se encerraría, llorando, en la habitación.

Hasta que volviera de nuevo a casa. La última vez habían sido más de siete días. Cuando se iba, siempre lo hacía con gente del partido. No sabía lo que era aquello de «el partido», pero lo había escuchado en repetidas ocasiones cuando sus padres discutían. «¿Qué voy a hacer con ellas si te pasa algo? ¿No puedes quedarte por aquí, como hago yo con los demás, en lugar de ir allí a jugarte la vida cada dos por tres?», había escuchado en una ocasión.

Cuando gritaban, Luisa fingía que no había escuchado nada. Cogía su muñeca de trapo, que le había regalado su abuela materna en una de sus pocas visitas a casa, y la agarraba muy fuerte. Al terminar, su padre entraba en la habitación y preguntaba: «¿Qué hacéis?», a lo que respondía: «Nada, jugar». Sin decir nada más, salía de casa para ir al taller. Pasaban muchas tardes solas, hasta que por fin fue su tía Neus a vivir con ellos al piso de Lleida. Cuando ella no estaba, a veces, su madre las llevaba a misa por la tarde. Pero eran misas diferentes a las del domingo. Allí no había casi luz, ni cura, ni tampoco nadie con vestidos elegantes.

Tiene un porte ligeramente encorvado hacia adelante, más propio de alguien cerca de los sesenta que de una nonagenaria. Me percato de que cada vez agarra con más fuerza aquella preciada taza de café que tanto adora. Por un momento, llego a asustarme pensando qué pasaría si la acabara rompiendo.

La bandeja que la he ayudado a transportar yace paciente, como ella, sobre la mesa. Al menos tiene tantos años como yo, pienso. El dolor y la paciencia de su juventud se reflejan en unas arrugas profundas, pero elegantes, más verticales que horizontales, que complementan todo aquello que explica con un infinito abanico de delicadas muecas y expresiones. Todo siempre muy elegante. Si por algo destaca mi abuela es por su elegancia innata.

—¿Qué recuerdas de esa huida, abuela? —consigo preguntarle, sin atreverme a romper un silencio implacable que me empequeñece a cada segundo.

Con aquella mirada de ojos blanquecinos, casi transparentes, calcula con exactitud cada palabra que sale de su boca, con unos segundos de inquebrantable pausa entre frase y frase.

—Cuando por fin conseguimos atravesar la frontera, en el 39, nos internaron en el campo de Argelès. No sé cuánto tiempo tardamos en salir de allí. Supongo que después de eso fuimos a la casa aquella. Tengo esa etapa muy borrosa… —Esta vez sí, traspasa levemente la barrera del llanto que tan firmemente había decidido levantar al comienzo de la entrevista—. Quien te lo podría decir muy bien sería Teresa, pero ahora ya no te dirá nada… —repite, secándose las primeras lágrimas con un pañuelo.

Me quedo atónito. Primero lo de Elna, y ahora lo del campo de concentración. Me lo suelta como si nada. Tengo la sensación de que mi cabeza empieza a girar de un lado a otro, tambaleándose.

—Dormíamos en una tienda de campaña protegida con paja. El agua dulce la sacábamos de agujeros en la arena, recuerdo. Lo peor era el frío. Cuando soplaba el viento, nos quedábamos quietas, todas juntas. Recuerdo que aguantaba la respiración y cerraba los ojos muy fuerte, así —deja la taza y cierra los puños con toda su fuerza, agachando la cabeza hasta tocarse el pecho con la barbilla.

—¿Cómo puede ser que acabarais allí, en la Maternidad? Según lo que tengo entendido, solo tenían permiso para acoger a mujeres embarazadas de los campos de refugiados para garantizar un parto en condiciones. ¿Seguro que era Elna?

—No sé si era o no el lugar que dices. Pero era una casa igual a la de la televisión. Con escaleras de mármol, mucha comida y muchos niños…

—¿Pero a que se dedicaba tu madre? ¿Era enfermera o algo parecido?

—Mi madre era sombrerera de profesión, eso ya lo sabes… Ahora que lo dices, no tiene mucho sentido. Mmm…, no lo sé, Marc.

Me responde siguiendo con la mirada las líneas que dibujan las arrugas de sus manos. Por supuesto, ella no adjetiva ni una sola vez con malas palabras nada de lo vivido. Un temperamento fuerte, rígido e inquebrantable ante una de las situaciones más atroces que pueda sufrir un niño durante la infancia. Demasiadas incógnitas para alguien que lleva ochenta años sin pronunciar ni una palabra de todo esto. Decido dejarla tranquila, al menos por ahora.

—Lo siento, abuela. Ya me voy, no quiero molestarte más hoy.

—No pasa nada, pero hablar de esto es muy difícil. Lo hago por ti, para que puedas escribir eso, es por tu trabajo.

Me quedo callado. No lo hace solo por mí. En realidad, supongo que ni ella misma sabe por qué lo hace. Pero en ese instante siento que debo acompañarla en ese duelo todavía abierto que, por culpa mía, acaba de destapar de nuevo.

No puedo imaginar qué me habría contado su hermana mayor años atrás. Quizás ese silencio hermético ya lo explica a gritos por sí solo. Quizás, pienso, hay cosas que no deberían contarlas quienes las han sufrido. Espero hasta que logra reponerse y me despido de ella con un abrazo sincero, pero calculado, para no aportar más melancolía a la situación. La conversación no había aportado mucha información sobre Elna, pero sí que había revelado dos hechos que acabarán siendo cruciales para su resolución.

Me acompaña hasta la puerta para despedirse y ver cómo bajo por la escalera. Luisa es de aquellas personas que no te reciben, pero que sí te dicen siempre adiós. Que dan por supuestas las bien-venidas, pero que temen a las despedidas. Me observa, como siempre, mientras bajo las escaleras hasta que llego abajo. Justo mientras bajo el último escalón, escucho un suave clac de la puerta cerrán-dose.

DICTADURA
Abril de 1930
Lleida

María siguió a rajatabla la misma rutina de cada mañana. Como un reloj, se levantó a las seis y media para preparar el desayuno y llevar a Teresa al colegio. Pere se quedaba durmiendo un poco más, porque no abría el taller hasta las nueve. La más difícil de llevar era Pilarín. Aunque no cumplía ni un año de vida, ya se adivinaba una intensa guerrera tras unos alaridos nocturnos que, noche tras noche, estaban empezando a acabar con la paciencia de María. Tras haber dado el desayuno a su hija mayor, montaba a la pequeña en el carrito y salían de casa.

Estaba embarazada, otra vez. Cada mañana pedía a lo que fuera que estuviera allí arriba (evidentemente no creía en ningún Dios cristiano) que fuera un niño. Pere cada vez estaba más preocupado: quería tener un varón para que heredara el negocio del taller. «Como si una mujer no fuera perfectamente capaz de llevarlo», pensaba siempre ella. Pero no quería tener más discusiones acerca de aquello. Un hijo, el último, y problema zanjado.

—Pórtate bien. Te vendrá a recoger tu tía Neus. —María le dio en beso en la frente. Teresa asintió con la cabeza y le devolvió el beso a su madre, al aire, mientras cruzaba la puerta en dirección a la maestra.

Hacía tiempo que el ambiente estaba más tenso de lo normal. Algunas voces del partido decían que pronto caería la dictadura y que algo gordo iba a pasar. Algo estaban preparando, pero ella todavía no se atrevía a formar parte de todo aquello. ¿Una nueva República? Ojalá, pensaba María. Pero eso era prácticamente imposible. Todavía tenían que pasar siglos para eso. Lo que más le preocupaba era que sus hijas fueran lo suficientemente mayores para cuando ocurriera la revolución que todos los del partido estaban esperando. Y, ahora, otro embarazo.

De camino a casa, se cruzó con Maria Arderiu. Estaba delante del colmado Benaiges, esquina propicia para estar al tanto de las últimas noticias del barrio. Ella fue quien la convenció para militar.

Desde que llegó a Lleida, la había acogido como nadie nunca lo había hecho. Estaba harta de fingir.

—Va a pasar. Ven esta noche a las once al sótano del 31 —le dijo al oído, susurrando. Se dio media vuelta y desapareció.

NEUS
Febrero de 2020
Lleida

Son las siete de la tarde. He tardado más de dos horas en llegar a Lleida y la niebla impenetrable, que me ha dado la bienvenida nada más salir de la autopista, no ha hecho otra cosa que ponerme todavía más nervioso —si eso es humanamente posible— de lo que ya estaba desde antes de salir casa. Es la primera vez que voy a ver a Neus, la tía de mi abuela. Es decir, la hermana de Pere y la cuñada de María, el motivo principal que está empezando a resquebrajar la familia lentamente, tras años de silencio.

Va a cumplir cien años en apenas unas semanas, y es la única persona que queda con vida que tuvo relación con María en la edad adulta. De hecho, es con toda seguridad la persona que conoció más al matrimonio de Pere y María, ya que estuvo largas temporadas viviendo en su casa. Se encargaba, sobre todo por las tardes y noches, del cuidado de sus hijas. Ella es, de hecho, mi última esperanza. La única forma que tengo de contrastar con alguien que las tres niñas, junto a su madre, estuvieron realmente en la Maternidad de Elna tras finalizar la Guerra Civil.

En los registros oficiales de refugiados del Département des Pyrénées-Orientales no figura ninguna María Ferrer Ferrer. Tampoco en los que todavía quedan de la Generalitat de Catalunya y que recogen a la mayoría de los catalanes que recalaron en algún centro de refugio, acogida o campos de internamiento. En el cementerio de Torrero, en Zaragoza, donde se supone que fue enterrada el 18 de diciembre de 1940, no han encontrado ningún documento en el que aparezca el nombre de María Ferrer Ferrer. Ni rastro de ella.

La única forma posible de cerciorarme realmente de ello recae, ahora mismo, sobre Neus. Demasiada responsabilidad para alguien que en escasos días va a cumplir un siglo de vida y que, con toda certeza, no se acordará de absolutamente nada de lo que voy a preguntarle. De hecho, probablemente no se acordará ni de la comida del día anterior. Pero hay que intentarlo. Si de algo trata todo esto es de, al menos, intentarlo. Y aquí estoy: a casi cero grados de temperatura, en una furgoneta sin calefacción y aparcado justo enfrente del portal que, se supone, va a desentrañar por fin una hipótesis que en este mismo momento me parece totalmente surrealista.

Toco el timbre y, a los pocos segundos, la puerta emite un sonido vibrante y estridente que me invita a tirar de ella para entrar en la zona comunitaria del edificio. Empujo la puerta hasta dejarla abierta un par de dedos. Antes de entrar, respiro profundamente y trato de peinarme, con la mano, hacia un lado. No he escuchado nunca la voz de Neus; ni siquiera la de su hija, con la que solo he hablado a través de WhatsApp. Mientras subo por el ascensor, empiezo a imaginar cómo será su voz. De hecho, me planteo si las voces de las personas suenan hoy del mismo modo que lo hacían en los años 30.

Siempre he imaginado el periodo de la Segunda República con conversaciones entre voces totalmente radiofónicas, eruditas, solemnes. Supongo que siempre tendemos a imaginar el pasado como un tiempo mejor del que realmente fue porque, aunque los recuerdos se desvanezcan, lo bueno siempre prevalece por encima de lo malo. En el fondo, estoy convencido de que las voces son exactamente las mismas que las de hoy. Pero, en cierto modo, me reconforta pensar que no es así. Y es importante poder reconfortarse con cualquier minucia cuando me he pasado las noches leyendo y documentando las atrocidades y penurias que se vivieron durante uno de los periodos más oscuros de este país.

Me abre la puerta un rostro algo mayor de lo que esperaba. Lo primero que veo es un pelo canoso que ha vivido tiempos notablemente más rizados, y unas gafas sin montura que muestran un cierto aire de agudeza intelectual.

—¡Hola, Marc! Pasa, pasa, adelante. Neus está en el comedor, ven por aquí.

Un recibidor, que se adivina oscuro, flanqueado por muebles de color terroso, coronados por un enorme regimiento de fotos familiares en marcos de época, da la bienvenida a lo que todavía mantiene un cálido aire de hogar.

—Ay, Dios mío. ¡Eres igual que tu abuelo! ¡Pero si eres un Casulleras!

—Mamá, que no es su abuelo, es su bisabuelo. ES SU BISABUELO, MAMÁ. ¿ME ENTIEN-DES?

Neus no lo entiende. O, más bien, no quiere entenderlo. No le hace falta. Tiene delante un rostro conocido que nunca antes había visto, y su conexión familiar es lo de menos. Me mira de arriba abajo, con la boca semiabierta y las gafas a media altura, agarrándose a la silla mientras inclina el torso hacia delante.

—Siéntate, hombre, siéntate. ¡Ay, Dios mío, pero si eres un Casulleras! ¿Lo has visto? —dice mientras se gira hacia su hija con los ojos abiertos como platos.

No estoy seguro de si toda esta emoción es buena o mala, pero me recorre el cuerpo un cierto cosquilleo de alegría al ver que todavía mantiene una cierta cordura en sus palabras y, aún más, que me vea un cierto parecido con mi bisabuelo. Siempre me han dicho que nos parecíamos, pero nunca nadie que lo hubiera conocido tanto como ella.

—Hola, Neus. Soy Marc Solanes, el bisnieto de tu hermano, Pere. ¿Cómo estás?

—Ay, Dios mío. ¡Pero si es un Casulleras! Qué guapo, qué guapo…

—Si no levantas un poco la voz, no te va a entender —me dice Maria Neus.

—¿CÓMO ESTÁS, NEUS? SOY MARC, EL BISNIETO DE TU HERMANO.

—Siéntate, siéntate. ¿Le has traído algo de beber a este chico, hija? —le dice a Maria Neus mientras inclina ligeramente su cabeza hacia ella. Seguidamente, le repite, en un tono más bajo—: ¿Quién me has dicho que era?

La conversación parece mucho más difícil de lo que creía al principio. Me armo de paciencia, saco todas las fotos que traigo conmigo encima de la mesa y me dirijo a ella mirándola fijamente a los ojos, mientras vocalizo tanto como lo permiten mis maxilares.

—SOY MARC SOLANES, EL BISNIETO DE PERE. ¿CONOCIÓ USTED A SU MUJER, MARÍA FERRER?

—Uy, sí, la María. Era muy zalamera, la María. Estaba todo el día jugando con los niños, arriba y abajo. Siempre estaba en la calle hablando con todo el mundo. Con ese pelo negro azabache que tenía… No había muchas mujeres con ese pelo por aquí, ¿sabes? Una vez fui a ese pueblo cerca de Zaragoza… —Hace una pausa larga que ni su hija ni yo nos atrevemos a interrumpir—. Albalate del Arzobispo, ¿verdad? Donde se fueron a vivir los dos un tiempo, antes de poner el taller en Lleida. Me mandaron allí para cuidar de Teresa, la primera que nació. Pero yo era muy traviesa, ya sabes, solo tenía ocho años… ¿Cómo va a cuidar de un recién nacido una niña de ocho años? ¡VAYA! —Se queda callada durante unos segundos más, mirando fijamente al suelo—. ¡Ay, pero si eres un Casulleras! —suelta de nuevo, sin que ni su hija ni yo nos lo esperemos.

Hay que dejarla hablar. Su hija la coge de la mano y le vuelve a decir que sí, que soy un Casulleras, que soy muy guapo y que soy el bisnieto de su hermano, pero que me explique lo que recuerda de María, su mujer.

—TAMBIÉN ESTUVO VIVIENDO CON ELLOS EN LLEIDA JUSTO ANTES DE LA GUERRA, ¿VERDAD?

—Allí en Albalate me decían todos: ¡Neus, vuelve a casa, que te busca tu tío! Y yo les respondía: ¡Que no es mi tío, que es mi hermano! Claro, como nos llevábamos veintisiete años…

Esta vez ya no me mira. Se dirige solo a su hija, como si de repente mi presencia se hubiera desvanecido. Decido no hablar y esperar a que Maria Neus la dirija de nuevo hacia mí, pero no hace falta.

—María, ¡Ay, la María! Cuando era joven, vine a vivir con ellos aquí, a Lleida. Yo vivía en La turbina, con mis padres, en Vilanova, y decidieron enviarme a estudiar mecanografía a Lleida. Como ellos vivían en el centro y yo me podía hacer cargo de las niñas, aceptaron que viviera con ellos durante los meses que duraba el curso. María nunca estaba en casa, siempre estaba fuera. Era sombrerera… Abrió una tienda de sombreros a pocas calles de su casa, no recuerdo exactamente dónde, pero no le fue demasiado bien y tuvo que trasladar el taller a casa… Pero tampoco pasaba mucho tiempo en casa haciendo sombreros, no… Muchas noches llegaba tarde, igual que Pere. Pero claro, Pere tenía el taller, era normal… Siempre estaba metida en política, en mítines y cosas de esas… La verdad es que no lo recuerdo demasiado… Igual que él. ¡Ya ves! Llevaba un taller y además en política… En fin.

Vuelve a hacerse el silencio. Que ella militaba estaba claro, pero lo de Pere no lo había oído jamás. Siempre me habían dicho que mi bisabuelo pasaba de la política, que él estaba centrado en el taller y que la única que tenía relación con el bando republicano había sido ella. Tiene ya casi cien años. Supongo que no hay que hacer caso explícito a todo lo que cuenta, ni mucho menos. Aun así, algo tan relevante es extraño que lo confunda, y más tratándose de su hermano…

—MAMÁ, EL PERE NO ESTABA EN POLÍTICA. ESO ERA MARÍA… ¿SABES ALGO MÁS DE DÓNDE ESTABA METIDA?

—No, no. El Pere también estaba en política… Ay, pobre, el Pere… Lo mataron en Cervera, en el taller, y no pude ir al entierro… No había dinero ni para ir a un entierro desde Lleida, ¿sabes?

—Y MARÍA, ¿SABE A DÓNDE FUE UNA VEZ LLEGARON LOS FRANQUISTAS A LLEIDA?

—Uy, María desapareció y no volvimos a verla nunca más… Cuando llegó Franco, se esfumó. Pobre, se debió morir allí en el frente… Justo antes de desaparecer, me gritó: «¡Lléname la bolsa con toda la ropa que hay encima de mi cama, por favor!» Y yo le repetía: «Este pijama está sucio, María, está muy sucio…». Pero ella me decía que daba igual el pijama, que se iba a la guerra, que la suciedad del pijama era el menor de sus problemas… Ay, el Pere, ¡AYYYY!

Se me erizan los pelos de ambos brazos. Todos a la vez. No soy capaz de pronunciar ni una sola palabra durante varios minutos. Miro a Maria Neus, que no parece estar demasiado sorprendida, y ella me devuelve la mirada con un arqueo de cejas parecido, que suena como un: «Ahora ya sabes lo que hay, chaval». Neus empieza a hablar de su trabajo en el Ayuntamiento de Lleida, de cuánto la respetaban, de que tenía mucho carácter… Y su hija parece que no vuelve a sacar el tema de Pere y María. Lo capto al instante, y me paso los siguientes veinte minutos intentando conversar con ella de los distintos temas que le van viniendo a la cabeza, como si fuera un autómata al que le van introduciendo recuerdos a discreción sin sentido ninguno. Mi cuerpo y mi boca intentan ser lo más cordiales posible, pero mi mente ya ha huido de allí. María desapareció en plena guerra, luchó en el frente, y Pere también formaba parte de la resistencia republicana. Acaban de contarme una historia opuesta a lo que había descubierto hasta ahora.

Maria Neus se percata de mi situación y empieza a clausurar el encuentro, explicándole a su madre que tengo mucho trabajo. No acaba de entender por qué me tengo que ir. De hecho, creo que acaba de entender quién soy exactamente y por qué me acabo de presentar en el comedor de su casa. Se despide con un: «¡Ay, Casulleras!», mientras me alejo de la estancia y me dirijo hacia la puerta de entrada. Justo antes de salir, Maria Neus me da dos libretas pequeñas de aspecto antiguo.

—Toma. Esto son los diarios que escribió mi madre en el 38. Por si te pueden ayudar. Creo que relata la muerte de tu bisabuelo. Ya me los devolverás.

El corazón empieza a martillearme el pecho.

—Graci...as —alcanzo a responder.

Bajo los escalones de dos en dos. Salgo corriendo del portal en dirección al coche. Me siento y acciono el cierre de seguridad, como si lo que tengo entre las manos fueran altos secretos de Estado. Abro el primero por la mitad, de forma totalmente aleatoria.

27 de marzo de 1938

Unos momentos después me llamó por teléfono mi cuñada María, diciéndome que quizás no iría a comer, ya que se marchaba con un grupo del Partido a visitar los frentes de Fraga. Yo, claro, le dije que no fuera a los lugares de peligro —ignorando que teníamos a los facciosos tan cerca.

PILARÍN
Abril de 1935
Vilanova de Bellpuig, Lleida

El traqueteo del Hispano-Suiza por la pista de tierra que conducía hasta Lleida hacía que las tres hermanas saltaran y jugaran entre ellas como si estuvieran en los toboganes del hotel de cuando pasaban los veranos en la playa de Salou. Eran las cinco de la tarde y volvían de comer en casa de los abuelos, el lugar favorito de las niñas, donde jugaban durante largas horas con sus tíos y primos a todo lo que uno se pudiera llegar a imaginar por entonces, que no era poco. En los asientos de atrás se encontraban Luisa, Pilarín y Teresa, mientras que Nuri reposaba entre los brazos de María en el asiento de copiloto. Llevaba un vestido rojo que llamaba la atención. Le encantaba vestir de colores estridentes, y eso le había costado más de un reproche por lo bajini en las comidas familiares que organizaban en Vilanova, el pueblo de los padres de su marido.

—¡Dejad de hacer tanto ruido, por favor, que vuestro padre está intentando conducir! —gritó

María mientras mecía a Nuri para que no estallara en llanto de un momento a otro.

Pere profirió un soplido amable entre los dientes al tiempo que arqueaba las cejas hacia arriba, dibujando una expresión de inocente felicidad. En ese mismo momento, pensó en la tranquilidad mental que tanto le había costado conseguir. Después de tantos años de vaivenes, de tener que estudiar lo poco que pudo aprender sobre mecánica bajo la luz del candil que su padre le apagaba pasadas las diez de la noche para no gastar, de los viajes interminables conduciendo autobuses hasta Zaragoza para poder ahorrar y montarse su propio negocio... Por fin tenía todo aquello que había deseado: un taller, una esposa a la que amaba de verdad, y cuatro hijas a las que podría brindar la educación que a él siempre se le había negado.

Ni siquiera el capricho de tener un hijo varón para enseñarle su oficio le perturbaba: lo aprendería alguna de sus hijas. Había decidido que así sería, a pesar del rechazo que en un principio pudiera crear entre sus hermanos y vecinos. Al final, el tiempo le había demostrado que todo pasa.

Y cuando algo pasa, tarde o temprano, carece de la importancia que en un primer momento hubiera podido llegar a tener. Sería a la pequeña, Nuri, a la que enseñaría a arreglar los motores de tractores, máquinas agrícolas, autobuses y los coches que, en un futuro no muy lejano, se preveía que empezarían a invadir las carreteras de las grandes ciudades.

Era un hombre de expresión seria y gran presencia. Se le conocía por ser alguien dotado de una gran inteligencia, tanto para la mecánica como para los negocios, pero de muy pocas palabras. A pesar de ello, en su interior, Pere era alguien extremadamente sensible. El cariño y afecto que sentía por su mujer y sus hijas le daban la fuerza necesaria para levantarse cada mañana y dejar de pensar en un panorama político cada vez más tensionado, que lo acechaba prácticamente a diario desde hacía unas semanas.

Aunque siempre había tenido sus ideales políticos muy claros (un requisito imprescindible para sobrevivir en una familia conservadora como la suya), desde que nació su primera hija le empezó a crecer un sentimiento de duda de cuál debía ser su implicación en todo aquello, y si realmente estaría poniendo en peligro la vida de las pequeñas. Miró por el rabillo del ojo a su mujer. María miraba a las tres chiquillas, que se peleaban en los asientos traseros, a través del retrovisor, conteniendo el grito que estaba a punto de estallar. No había conocido nunca a una mujer como ella: leída, divertida, siempre dispuesta a ayudar a los demás y con una personalidad arrolladora. Se dio cuenta de que estaba realmente enamorado. Se casó tarde, pero cuando lo hizo estaba completamente convencido de lo que hacía.

—¡Dejad de dar esos gritos, por favor! ¡Y tú, Pilarín, deja de jugar con la manija, a ver si os vais a caer en marcha y entonces sí que nos vamos a reír!

El grito de María despertó a Pere de su breve ensoñación. Los baches cada vez más pronunciados revelaban que ya estaban llegando al cruce de la carretera que llevaba hasta Lleida. Se conocía el camino mejor que nadie. Era capaz incluso de adivinar con los ojos cerrados en qué tramo se encontraban según el nivel de traqueteo del vehículo. No había nadie en toda la provincia que entendiera más de mecánica que él. Y nadie lo entendía a él mejor que un motor de combustión en pleno estallido. Definitivamente, no habría podido escoger mejor época para nacer.

—¡Mira lo que hago, Luisa! ¡Miiiiira! —gritaba entre risotadas traviesas Pilarín, mientras abría levemente la puerta.

—¡Ay, ay, ay, mamá, que está abriendo la puerta! —dijo Luisa mirando con ojos de terror a su madre y agarrándose a la piel del asiento, mientras Teresa se la intentaba sacar de encima.

—¡Bff… Por Dios…. ¡No van a parar! —resopló Teresa con expresión de indiferencia mientras contemplaba el colorido paisaje primaveral de los campos colindantes con la carretera principal.

Y de golpe sucedió. La puerta se abrió y, sin que nadie pudiera llegar a verla caer, Pilarín ya no estaba allí. Luisa y Teresa, que segundos atrás se peleaban entre ellas como tantas otras veces que viajaban en coche, no entendían lo que acababa de ocurrir. Pere y María se elevaron de repente casi un palmo de sus asientos para estrellarse contra el techo de aquel Hispano-Suiza recién llegado a la familia hacía apenas dos meses. Nuri estuvo punto de caer por la ventana del copiloto debido al tremendo bote, pero su madre fue capaz de agarrarla por los pies sin saber cómo. El coche frenó de repente dos metros más adelante y María empezó a gritar: «¡Dios mío, Dios mío, Dios mío!». Luisa y Teresa, que se habían quedado tendidas una encima de la otra, fueron incapaces de moverse ni un centímetro y se quedaron mirando con los ojos en blanco la puerta, que del frenazo había quedado prácticamente cerrada.

Pere palideció. Notó cómo le recorría por todo el cuerpo un sudor frío, desde los pies hasta la mismísima coronilla. De verdad que lo notó. Cómo se le helaban progresivamente todos los pelos de su cuerpo para dejarlo totalmente inmóvil, sin tan siquiera poder pestañear. No podía ser verdad. Cerró los ojos y, con todas las fuerzas de las que disponía, deseó poder despertar de esa pesadilla. Cuando los abrió de nuevo, vio a María apoyándose en el poyete de la ventana de su puerta mientras con la otra presionaba a Nuri contra su pecho para evitar que cayera al bajar el escalón. En ese mismo instante, Pere se giró bruscamente y abrió la puerta del coche con tal fuerza que la manija salió proyectada hasta los arbustos que separaban dos campos de maíz del otro lado de la carretera.

—¡No puede ser, no puede ser! —empezó a gritar desconsolado mientras le sostenía la cabeza—. ¡No, no, no, nooo!

María llegaba prácticamente al mismo tiempo por el lado contrario. Ni siquiera se había puesto los zapatos, y cuando llegó a la escena se dio cuenta de que Nuri no podía ni siquiera llorar debido a la presión con la que la había sostenido hasta entonces. Aflojó su brazo y, muy delicadamente, dejó a Nuri en el suelo, justo a los pies de Pilarín, mientras ella se dejaba caer de rodillas hacia delante. Su cabellera espesa, negra como el carbón, se liberó de la cinta que la contenía y se precipitó encima de su rostro. Desde esa perspectiva, a través de los mechones oscuros que la separaban de lo que estaba sucediendo, pudo ver perfectamente cómo brotaban las lágrimas de unos ojos inyectados en sangre, que se encajaban en un rostro que se le hizo completamente desconocido. Esa fue la primera y última vez en su vida que vio llorar a su marido.

—Me has matado, papá —llegó a decir Pilarín mientras miraba a Pere fijamente a los ojos.

Esas últimas palabras lo persiguieron durante el resto de su vida. María sostenía a su hija entre los brazos, delante de él, sin saber qué hacer. Moribunda, tras pronunciar aquellas últimas palabras, cerró los ojos. Su madre notó cómo Pilarín dejaba de respirar y, muy lentamente, se dejaba caer en su regazo. Nunca había visto la muerte tan de cerca hasta entonces.

Pere Casulleras perdió a partir de entonces cualquier alegría de vivir. Se limitaba, casi de un modo mecánico e inconsciente, a abrir y cerrar el taller a diario y acudir a los actos a los que le obligaba a ir María. En Vilanova nunca más volvieron a verle sonreír como antes, y su carácter serio y firme se empezó a convertir en huraño y esquivo. Los ratos que acudía a casa para comer y cenar con sus hijas los empezó a pasar escondido detrás del periódico durante la comida entera, sin pronunciar ni una sola palabra. Aunque no fuera por culpa de la implicación en la política de su mujer, como temía, había ocurrido lo que más le atormentaba: la muerte de una de sus hijas. Y eso le condenó el resto de su vida. Hasta el día de su muerte.

PSU
Enero de 2021
Cerdanyola del Vallès, Barcelona

—Lo siento, no hemos podido encontrar ningún registro de fallecimiento de Pedro Casulleras Sitjas. Se debió extraviar por cualquier motivo. Ya sabe… Son los años de la guerra. Mire en el registro de nacimiento. Era obligatorio escribir allí la fecha y lugar de fallecimiento. Quizás fue en otro municipio.

En el registro civil de Sant Joan de Vilatorrada encontraron la partida de nacimiento a los pocos días. Me la enviaron por correo postal, mucho más rápido de lo que esperaba. Por fin ha llegado. La misma rapidez con la que me desmorono, una vez más, al ver el contenido del sobre. El registro de nacimiento de mi bisabuelo no contiene, en ninguno de los márgenes, anotaciones sobre la fecha o lugar de defunción. De hecho, no contiene nada más que la firma del juez y los testigos que daban fe del nacimiento.

No son ni las doce del mediodía y decido acercarme al archivo histórico de la Biblioteca de

Humanidades y Cartoteca General de la Universidad Autónoma de Barcelona, en Cerdanyola del Vallès. Está muy cerca de mi casa, así que decido ir andando. Tras varias horas buscando, introduciendo el nombre y apellidos de mi bisabuela una y otra vez, empiezo a desesperarme. De hecho, comienzan a avasallarme los mismos fantasmas que me susurran, cuando se acumulaban varias búsquedas frustradas, que me rinda de una vez por todas. ¿Y si gran parte de todo aquello no eran más que un conjunto de elucubraciones sin sentido de mi abuela? ¿Los efectos secundarios del dolor causado por la guerra en una mente que ya empezaba a codearse con los inicios de un levísimo proceso de delirio?

Se me hace tarde. Miro el reloj. Son las ocho y cuarto de la tarde y sigo sin encontrar absolutamente nada. Según me había comentado por teléfono Josep Maria Solé i Sabaté, reconocido historiador catalán nacido en Lleida, si María tuvo algún tipo de militancia, tenía que haber algún rastro de ella en aquellos archivos. En la retaguardia, las mujeres se dedicaron a tareas de cuidado de enfermos, niños, ancianos, intendencia, y labor educativa en las escuelas. ¿Había estado María entre ellas?

Y, de golpe, aparece. Un archivo escaneado, escrito a máquina, en el que se puede leer claramente:

María Ferrer
Asiste a la tercera sesión de la segunda conferencia femenina del PSU
«FRENTE ROJO», n.º 525, pág. 4, día 4 de octubre de 1938

No aparece el segundo apellido. Y, seguramente, muchas más Marías Ferrer asistieron a conferencias organizadas por el partido comunista en Catalunya. Pero ya tengo algo a lo que agarrarme. Por fin. Me dejo caer en la silla, hacia atrás, y dejo escapar un «¡bien!» en voz alta mientras me llevo las manos a la cabeza.

Por el interfono anuncian que en media hora cerrarán la biblioteca. Por curiosidad, introduzco el nombre de mi bisabuelo justo antes de irme.

«Pedro Casulleras». Hago clic en la casilla de buscar. La pantalla muestra, como si se tratara de una revelación, lo que ninguna de las tres hijas había querido aceptar nunca:

Pedro Casulleras
Militante del PSU de Lérida.
Carpeta 59 Serie S Exp. l folio 8

CERVERA
3 de diciembre de 1938
Vergós, Cervera

«Paz, piedad y perdón». Acto seguido, María apagó la radio. «La paz solo la tendremos si salimos todos a defendernos con nuestras propias manos», pensó. Con estas tres palabras concluía Manuel Azaña el discurso presidencial que se emitía por el transistor que tenían en la cocina. Llevaban varios días en Cervera. Al igual que en Lleida, vivían en un primer piso de un pequeño bloque en Vergós, una diminuta localidad a las afueras del pueblo. Llegaron allí huyendo de la guerra, recordaban las tres hermanas que les dijeron sus padres. A pesar de que tuvieron que dejar el taller que tenía Pere en propiedad, en Cervera pudo encontrar uno donde trabajar y poder seguir adelante. Aunque asalariado, de este modo entraba un sueldo en casa que permitía a toda la familia comer, dormir y asearse con relativa comodidad.

Pere repetía cada día la misma rutina. Se levantaba, tomaba un café rápido, que había dejado preparado su mujer el día anterior, y se dirigía con prisas hacia el taller. A mediodía, volvía a casa para comer con las niñas y María, que se encargaba de preparar algo durante la mañana. Comía algo ligero, rápido, y se pasaba el resto del tiempo leyendo el periódico en silencio. Se colocaba *La Vanguardia* justo enfrente, tapando su rostro por completo, de modo que ni las niñas ni su mujer eran capaces de ver su cara hasta que lo guardaba para, sin más palabras, volver al trabajo. Al principio de llegar a Cervera, tal como hacía en Lleida, se llevaba a Nuri al taller y pasaba la tarde con los demás trabajadores. La ataba con un cordel largo a uno de los coches y se pasaba el día jugando con las herramientas que encontraba. Aquella tarde, como ya llevaba haciendo varios días, le dijo que no podía ir.

—Hoy te tienes que quedar aquí con tus hermanas —le repitió por enésimo día consecutivo, sin demasiadas ganas.

—¡Nooooooooo! —Nuri empezó a gritar y llorar desconsolada.

—Haz caso a tu padre y no chilles, ¡por favor! —espetó María, cuyo humor había ido decayendo de forma exponencial desde que llegaron a la nueva ciudad.

Nuri seguía llorando, pero su padre ni siquiera la miró a los ojos. Desde la muerte de Pilarín, había cambiado por completo. Apenas hablaba, y desde que estaban en Cervera sus hijas no recordaban haberle visto sonreír ni una sola vez. Cerró la puerta y bajó las escaleras rápido, en dirección al taller. María empezó a recoger la mesa con la ayuda de Teresa, que ya empezaba a asumir el papel de madre respecto a sus hermanas cuando ninguno de sus padres estaba en casa. Desde poco antes de empezar la guerra, la mayor de las tres hermanas había empezado a hacerse cargo de Luisa y Nuri. Su padre se pasaba el día trabajando, y su madre muchas veces llegaba a altas horas de la noche.

Cuando ya tenían la mesa recogida, María le indicó a Teresa que llevara a las pequeñas a la habitación a dormir. Sin rechistar, como siempre, las agarró del brazo y las condujo a la habitación donde dormían las tres juntas. Nuri ya había dejado de llorar y, como siempre reaccionaba cuando se dirigía a ella su hermana, asintió y se dejó guiar hasta el dormitorio. Cuando estaban a punto de llegar, exclamó: «Ay, el perrito». Soltó su brazo de la mano de Teresa y corrió hacia la cocina a coger su peluche favorito. Estaba encima de la mesa. Se puso de puntillas para alcanzarlo y, justo cuando estaba a punto de cogerlo, empezaron a caer los obuses.

Núria salió proyectada hacia atrás. María, que se encontraba fregando los platos, se golpeó de frente contra los armarios de la vajilla y cayó al suelo. Todo se oscureció. No lograba escuchar nada. Solo era capaz de discernir la forma de la mesa, que parecía haber quedado partida en dos, y los gritos distorsionados de Nuri. Poco a poco, fue recuperando la consciencia y empezó a gritar, desesperada, el nombre de su hija pequeña.

—¡Nuriiiii! ¡Nuriii! ¿Dónde estás, por Dios? ¡¡¡Nuriiii!!!

Por la puerta de la cocina entró Teresa. Se fue directa al pasillo principal. Allí estaba Nuri, llorando. Parecía que no le había pasado nada.

—¡Está bien, mamá!

—¿Y Luisa?

—También, también. Está en la habitación. Estamos todas bien, mamá. Tranquila. —Teresa palideció de golpe y miró fijamente la frente de su madre—. Eeeh… ¿Estás bien? ¡Tienes sangre en la cabeza!

—Sí, sí, estoy bien. Claro que estoy bien, por Dios. Venid aquí, Dios mío… —Las abrazó con los dos brazos. Aunque era una mujer muy extrovertida, no acostumbraba a tener demasiadas muestras de cariño con sus hijas. En ese momento, sin pensarlo, las agarró con toda su fuerza y presionó sus cuerpos contra su pecho como nunca había hecho. Tras unos segundos eternos, le dijo a Teresa que la llevara a la habitación con Luisa y que se metieran las tres debajo de la cama—. Sobre todo, no salgáis de debajo de la cama hasta que yo os lo diga, ¿sí?

Teresa asintió y se llevó a Núria corriendo. María se levantó como pudo, todavía aturdida, y miró por la ventana. Parecía que los bombardeos habían cesado, pero lo que vieron sus ojos nunca lo iba a olvidar. Cervera había quedado completamente destrozada. Lo que no alcanzaban a cubrir las inmensas nubes de polvo y humo negro que se levantaban desde el suelo dejaba entrever un escenario dantesco: casas sin ninguna de las cuatro paredes en pie, cadáveres mutilados, gente gritando desesperada de un lado a otro…

«Dios mío, Pere». Corrió hacia el pasillo y abrió la puerta principal de golpe. Se agarró como pudo al marco de la puerta para evitar caer al vacío. Donde debía estar la escalera que bajaba hasta la calle, no quedaban más que grandes bloques de hormigón amontonados de tal forma que se hacía imposible bajar hasta abajo. La mitad de la escalera había quedado totalmente destrozada por uno de los obuses. María todavía podía notar el olor a pólvora que emanaban los trozos de escalón destrozados que se amontonaban en lo que debía de ser el portal del edificio.

Ninguna de las hermanas, todavía hoy, recuerdan cómo bajaron de allí. A partir de entonces empezó todo. De hecho, ni siquiera pudieron acudir al entierro de su padre. El abandono de su casa en Lleida, de sus abuelos y de sus primos, de jugar hasta la hora de cenar en el almacén de los recambios del mecánico, de la sesión de cine de Betty Boop los domingos en los cines Kursaal. No sería nada comparado con lo que se avecinaba. María recibió la noticia de que Pere había muerto durante el bombardeo días más tarde. Según le dijeron, le cayó encima una de las paredes del edificio, que quedó completamente destrozado.

Diario de Neus, 1938
Página 56

78

El día 3 del corriente en la 1 oficiales y víctima del bombardeo de Cervera murió mi querido hermano Pere (E. P. R.) cayéndole la pared de un cubierto encima, tocándole una de las piedras en la cabeza, lo que le produjo la muerte.

Pere no iba a trabajar a ningún mecánico. Iba cada día a trabajar al aeródromo de l'Aranyó, también conocido como el de Cervera, uno de los centros militares más importantes para la aviación republicana. Cuando la ofensiva sublevada tomó Lleida, María y él decidieron recoger a sus hijas en

La Pobla de Claramunt, donde estaban al cuidado de su hermana Cecilia, y llevárselas con ellos a Cervera, por lo que pudiera pasar.

Pero, de todo aquello, sus hijas nunca llegarían a saber nada.

EL FRENTE
Marzo de 1938
Lleida

María nunca se había considerado anarquista, pero había llegado el momento de luchar con quien fuera. De hecho, no le gustaba nada que llevara asociado el color negro. «No despertaba optimismo ni actitud», pensaba siempre. Pero haría lo que fuera para evitar que aquellos fascistas tomaran el poder y enterraran la República que tanto había esperanzado a María. Aquel no era momento para deliberar acerca de la gama cromática ideal para representar a una u otra ideología, eso estaba claro. Luchaba, sobre todo, por sus hijas. A ella no le quedaba mucho camino por recorrer ya, pero sus hijas no se merecían un futuro así.

—Ponme la ropa dentro de la bolsa, por favor. —María empezó a abrir los armarios a toda prisa. Recogía todo lo que encontraba: tarros de azúcar, maíz, manzanas..., e incluso el pan duro que guardaban para hacer sopa de ajo los domingos.

—Pero María, esto está sucio… —respondió Neus, su cuñada.

—Me da igual, ponlo. Pon todo lo que puedas lo más rápido posible, ¡va! —gritó, visiblemente exaltada.

Neus no le dijo nada más. Recogió todo lo que parecía una pieza de ropa de la lavandería y lo metió en un enorme petate. María lo recogió y se lo colgó, cruzándoselo a la espalda. En las manos, otra bolsa con toda la comida que había podido recabar en aquellos escasos minutos.

Todo había empezado a agitarse a partir del 34, aunque María ya lo presentía desde mucho antes. El bienio negro, tal como lo llamarían las izquierdas posteriormente, estaba creando una agitación social que hacía presagiar desde el principio el estallido de la guerra. Tanto es así que María, a pesar de haberlo discutido con Pere varias veces, acabaría acudiendo a los grupos radicales de izquierdas capitaneados por mujeres acompañada de sus hijas. Los horarios coincidían con los del trabajo de su marido, y su cuñada Neus no siempre llegaba temprano a casa. La acogieron para que se ocupara de las pequeñas cuando ellos no podían. Neus, que vivía en Vilanova de Bellpuig con sus padres, aceptó sin dudarlo. De ese modo podría, por fin, estudiar mecanografía en Lleida.

Había otras mujeres que también iban acompañadas de sus hijos. Las reuniones tenían lugar, en su mayoría, en los sótanos de algunos bares de la ciudad. En ocasiones, las hacían incluso en casas particulares de algunas militantes. Siempre, eso sí, en el sótano. María, cuando empezaban a bajar las escaleras, les decía que no podían hablar hasta que volvieran a salir. En una ocasión, Luisa le preguntó:

—Pero… ¿Por qué no podemos hablar, si la gente grita?

—Porque es una misa. Y en las misas, la gente siempre está callada, ¿a que sí? —le respondió María. Lo hizo al mismo tiempo que lanzaba una de esas miradas mortales tan características de ella. Ninguna de las tres se atrevió a volver a abrir la boca en ninguna de aquellas numerosas «misas» tan extrañas a las que asistieron.

El Frente de Aragón llevaba estable más de un año y medio. A pesar de haberse convertido en el escenario de alguna de las batallas más cruentas de la guerra, no había sido hasta principios de año que los franquistas habían empezado a ganar terreno de forma alarmante. Varias columnas de izquierdas empezaron a salir de Barcelona y la Catalunya Central para sumarse a la avanzadilla. Aunque militaba en el PSUC[3], que fue fundado unos meses antes y que por entonces estaba federado al Partido Comunista Español, María decidió alistarse a la columna Terra i Llibertat, organizada por la CNT[4]-FAI. De hecho, la mayoría de sus compañeras eran militantes anarquistas. Y ella también lo hubiera sido, si no hubiera estado Pere a su lado. Él la acabaría convenciendo de que se decantara por los comunistas. «Tienen mucho más seny», le argumentaba su marido. «Seny», pensó María, aquella palabra que todos los catalanes se ponían en boca y que, la historia daba fe de ello, no acababa sirviendo para nada.

Ni siquiera se despidió de sus hijas cuando salió por la puerta. Era el primero de los muchos

3. Partit Socialista Unificat de Catalunya (PSUC).
4. Confederación Nacional del Trabajo (CNT).

viajes que realizaría hasta la primera línea de combate. Y lo hacía dispuesta a todo. A pesar de ello, estaba convencida de que volvería a casa. Quizás esa fuera la única manera de convencerse de que hacía lo correcto. O quizás era que no tenía fuerzas suficientes para afrontar aquello y despedirse. Tampoco lo hizo de Pere, que todavía estaba trabajando en el mecánico.

Volvería a ver a sus hijas. Y lo haría con la victoria bajo el brazo, pensó.

NURI
4 de septiembre de 2020
Sant Cugat del Vallès, Barcelona

«No sé cómo bajamos, la verdad. Es raro, ¿verdad? Si no había escalera… Mira que recuerdo exactamente el momento de la explosión y todo lo que vino más tarde, pero me voy a morir sin saber cómo demonios bajamos de allí».

Esa frase se me había grabado a fuego. Después de contarme los horrores que vivieron a lo largo de tantos años de incertidumbre y dolor, una de las últimas frases de mi abuela cuando salía de su casa había sido aquella. Me dijo que todavía se preguntaba día tras día cómo consiguieron bajar de allí. Es increíble cómo el ser humano es capaz de esconder bajo llave algunos de sus grandes traumas, en los rincones más impenetrables de la mente. Algunos, como este, incluso para siempre.

Toco el timbre del interfono. Me doy cuenta de que nunca antes lo había hecho. Siempre lo hacían mis padres cuando llegábamos para celebrar Sant Esteve (una tradición catalana muy arraigada, sobre todo porque es el día en que se comen grandes cantidades de canelones) con el resto de la familia. Siempre había cruzado esa puerta vestido con ropa cara y con el pelo visiblemente engominado hacia atrás. De hecho, era el único día del año en el que recuerdo a mi madre poner grandes cantidades de gomina sobre mi pelo espeso. Gomina barata, eso sí.

—¿Sí?

—Soy yo, tía. Soy Marc.

—Uy, no se escucha nada… —se oye de fondo, al mismo tiempo que la puerta emite el zumbido que indica que queda abierta.

Una vez en el rellano, llamo al timbre. Núria ya está detrás, atenta a mi llegada. Me imagino a mi tía justo detrás de la puerta principal, cerrada, esperando a que llame para permitirse abrir. Un conjunto de cerrojos empieza a deslizarse para acabar abriendo una puerta robusta que, con el paso de los años, acumula cada vez más peso.

—¡AY, DIOS MÍO, MARC! —Me agarra con fuerza los brazos y me besa en el pecho, a través de la chaqueta, como si se tratara de una de mis mejillas. Me conduce rápido hacia el interior y cierra la puerta—. AY, CARIÑO, PASA, PASA.

—Hola, tía, ¿cómo estás? ¡Cuánto tiempo sin vernos!

Núria empieza a desfilar por el pasillo sin responderme. La sigo, imaginando que quiere trasladar toda la conversación, incluso la bienvenida, a un lugar cómodo y seguro. Ese lugar, ciertamente, es una sala de estar con toques barrocos que me traslada inmediatamente al piso de mi abuela. Tres sillones perfectamente alineados, dispuestos en forma de ele, presiden una pequeña mesita de cristal con una bailarina de porcelana meticulosamente dispuesta en el centro.

Justo cuando se dispone a sentarse, se pone las manos sobre la cabeza y me mira fijamente.

—Ay, Dios mío, no tengo cerveza, hijo. Tengo tónica, una Coca-Cola… Y agua, claro, pero no creo que quieras agua. ¡Ay, qué despiste!

—Tranquila, tía, no quiero nada. De verdad, he comido hace poco.

—Tienes que hablar más alto y mirándome a los ojos directamente, hijo. Cada día estoy más sorda, lo siento.

—NO QUIERO NADA, DE VERDAD. ESTOY BIEN, NURI —le digo, mirándola fijamente a los ojos. Por primera vez, me doy cuenta, a mis veintisiete años, de que a la hermana de mi abuela hace falta gritarle y hablarle vocalizando de forma exagerada para que entienda lo que digo.

Saca de debajo de la mesa una carpeta antigua, con las gomas deshilachadas, semiabierta, de la que asoman algunos papeles viejos. Son todos los documentos que ha podido ir recabando acerca de sus padres en los últimos años. Entre ellos, se encuentran las partidas de nacimiento de ambos, el registro de fallecimiento de María, el registro de nacimiento de su hermana Teresa e, incluso, las cartas que había intercambiado con los ayuntamientos y los obispados para pedir los archivos.

—Nunca pude encontrar el registro de fallecimiento de papá. Es raro, ¿verdad? Mira que he escrito a varios sitios, pero Neus lo recuerda con total claridad. Siempre nos ha explicado que fueron ella y Edmond, pero nosotras tampoco fuimos.

—Vaya, sí que es raro, sí, pero ya sabes… Murió en un bombardeo en plena guerra civil. Quizás, al cabo de poco, se perdieron todos los registros de los muertos que hubo. Piensa que fue una masacre, aquello… PIENSA QUE FUE UNA MASACRE, QUE MURIÓ MUCHA GENTE —repito en voz alta, al darme cuenta de que no ha entendido la última frase.

—Sí, sí, claro… Murió mucha gente… En fin… Yo no te puedo contar mucho, era muy pequeña, ya lo sabes, no sé si te puedo ayudar mucho más que dejándote todo esto.

Es curioso. Algunas veces, la gente con cierto nivel de sordera tiende a hablar en voz extremadamente bajita. En algunas frases, incluso, soy yo el que se inclina hacia ella para lograr entender lo que me cuenta. Supongo que los peores horrores que pueda sufrir una niña de apenas cinco años durante una guerra, que acabó con la vida de más de medio millón de personas, solo pueden contarse mediante susurros. Empiezo a hojear los documentos del interior de la carpeta. Aquí dentro hay de todo: años de búsqueda, de cartas, de viajes y de mucha paciencia para lograr encontrar algún atisbo de su procedencia.

—Siempre he tenido la sensación de haber nacido bajo una col, como mi madre —me repite una y otra vez, con la mirada perdida—. Una cosa es crecer sin padres, venir de una familia totalmente desestructurada, como lo que sufrieron miles de familias por culpa de esa maldita guerra civil, y otra muy diferente es morir sin saber de dónde vienes, quiénes eran en realidad tus padres, qué pasó contigo en los primeros años de tu vida. No recuerdo nada… Y cuando logro transportarme a entonces, aunque sea por unos segundos, solo veo una negritud infinita que despierta mis peores demonios... Hay algo que sí recuerdo. Supongo que fue poco después de volver del exilio. Estaba en casa de un primo de mi padre y su mujer, que no podían tener niños, y me acogieron cuando mi madre ya no estaba. Me trataban muy mal, pero eso no se lo he contado nunca a nadie. Recuerdo perfectamente quedarme toda la noche fuera, delante de la puerta de casa, castigada sin agua ni comida, por el simple hecho de haber cogido una tableta de chocolate sin permiso de la despensa. Me pasé toda la noche llorando sin parar. Mis hermanas ya no estaban conmigo. Solo tenía seis años… ¿Tú puedes entender algo así, después de todo lo que habíamos pasado?

No sé qué responder a todo aquello. Me veo incapaz de empatizar con un dolor tan alejado de la realidad que yo mismo he vivido. Nuri no solo ha sufrido una niñez extremadamente tortuosa, sino que ni siquiera es capaz de recordarla. Lo que más le extraña, insiste varias veces, es el origen desconocido de su madre.

—Ni siquiera una hermana, tía, prima o abuela nos vinieron a socorrer cuando acabó la guerra. Fuimos dando tumbos entre familiares de mi padre por toda Catalunya hasta que acabamos, por suerte, juntas en Cerdanyola del Vallès al cabo de unos años. ¿Por qué nadie nos explicó nada de ella? Mi hermana Teresa siempre nos ha dicho que la mataron, ¿tan mala era? Lo único que sé es que estuvo en política… Un poco, solo. Y ya está. Ni siquiera la reconozco en las fotos… —repite exactamente la misma frase que mi abuela—. Teresa tiene algunas cartas que se envió con ella justo antes de que «muriera». —Arquea las cejas y se inclina hacia mí tras pronunciar esa última palabra—. La mayoría, además, están firmadas por una tal Nicolasa, pero no conocimos nunca a ninguna mujer que se llamara así. Ni siquiera recibimos nada de su parte una vez murió nuestra madre.

«Algunas cartas que se envió con ella justo antes de que muriera». Debo convencer a Teresa para que me las deje leer. La pregunta es cómo hacerlo sin que me expulsen definitivamente de la familia. Se muerde el labio inferior y mira hacia el techo.

—¿Sabes cómo me enteré de su muerte? —prosigue, con unos ojos cada vez más cristalinos que se esconden detrás de unas gafas de pasta de color marrón oscuro¬—. Porque me vistieron de negro para ir al colegio. Todos se rieron de mí. Cuando llegué a casa de un hermano de mi padre, donde me encontraba en ese momento, lo único que me respondieron fue: «Eso es porque tu madre se ha muerto».

Se hace un nuevo silencio incómodo en la estancia. Esta vez, más pesado e incómodo. Su asesinato es lo único, eso sí, que nos había llegado en claro al resto de la familia. Pero ni siquiera sabíamos el motivo. «La política, supongo». Eso era lo máximo que había oído pronunciar de la boca de mi abuela. El empeño por buscar los orígenes de María había ofuscado a Nuri. Percibo una identificación obsesiva en el pasado oculto de su madre y los vagos recuerdos de su niñez. Como si creyera que la historia se repetía en ella. Y que, si lograba descubrir quién era su madre, podría desbloquear todos los recuerdos de su pasado y quedar, por fin, en paz.

«Es como si hubiera nacido bajo una col». Esa frase me empezaría a resonar en la cabeza día tras día a partir de entonces. No puede existir peor vacío que desconocer los orígenes de uno mismo, pienso. Si el descubrimiento de la verdadera identidad de mi bisabuela ya me estaba empezando a suponer una pesadilla enfermiza, no podía imaginar el dolor que esa incógnita llevaba décadas generando a su propia hija. Y, más todavía, cerca de cumplir los noventa años. La incógnita de por qué se había escondido todo aquello a las nuevas generaciones de la familia en los años siguientes seguía presidiendo el ranking de causas de mi reciente insomnio.

Tras casi una hora de charla, en la que el motivo de la visita apenas ocupa los primeros diez minutos de conversación, decido volver a casa y empezar a leer todo lo que, por primera vez, tengo en mis manos. No parece que vaya a revelar mucho más de lo poco que ya me había contado, pero por primera vez tengo algo que pone nombre y apellidos a la protagonista de esta historia. Nadie nace bajo una col. Y María no iba a ser la primera en hacerlo.

Son cerca de las diez y media de la noche. Entro en el coche y enciendo la luz. No soy capaz de esperarme a llegar a casa para leer lo que ni siquiera los nietos de María han tenido nunca entre sus manos. Abro la carpeta. Lo primero en lo que detengo los ojos es en una página titulada «Registro civil de defunción». Es de María. Al final del documento, leo algo que me estremece de tal forma que, en un gesto instintivo, acabo apagando la luz de un codazo. Me quedo completamente a oscuras.

«Consecuencia de la muerte: Shock respiratorio, operación quiste gigante de ovario».

EL BOMBARDEO
Enero de 1939
La Pobla de Claramunt, Igualada

El día se levantó gris, como casi siempre. Todo apuntaba a que iba a ser uno como cualquier otro: el ambiente olía a hierba sin cortar, la niebla se entreveía por las ventanas de la cocina y se oía el tractor del vecino que pasaba, como un reloj, cerca de la ventana de la cocina, a las siete y treinta y cuatro minutos de la mañana. No había nada que hiciera presagiar que aquel martes, una jornada cualquiera en el campo leridano, fuera el día escogido para lo que iba a ocurrir. Todo seguía igual, a excepción de una sola cosa: los pájaros no cantaban esa mañana. Eran las ocho y cinco cuando Luisa miró el reloj colgado en la cocina por última vez, minutos antes de que empezaran a sonar las sirenas. Agarró el palo, se lo puso en la boca. Lo mordió muy fuerte. Más que nunca.

Estaban en La Pobla de Claramunt, un pueblo situado a escasos kilómetros de Igualada. Llevaban semanas huyendo de la catástrofe. Su madre,

María, hacía varios días que las había dejado en manos de su cuñada Cecilia, embarazada de su primera hija. No sabían dónde estaba, ni las niñas, ni su tía. Apenas había pasado una semana desde que Pere murió en Cervera, tras el bombardeo que arrasó por completo la ciudad y, entre otros, el taller donde trabajaba. La mayoría de sus hermanos no pudieron ni siquiera acercarse al entierro: la cada vez más complicada situación política y la falta de dinero para costear cualquier desplazamiento más allá de las cercanías de Lleida tenían la culpa de ello.

Luisa seguía mordiendo el palo con todas sus fuerzas. Le daba la sensación de que se iba a romper en cualquier momento. Nunca había escuchado un bombardeo con tanta intensidad como aquella vez. A su izquierda, Nuri. A su derecha, Teresa. Con la espalda pegada a la pared de la cocina, observaban cómo caía la metralla a través de la pequeña ventana situada al otro extremo de la sala. Cecilia, embarazada de Maria Neus, las intentaba proteger, situándose justo enfrente y cubriéndolas con los brazos. A través de las extremidades de su tía, podían ver cómo caían a plomo los trozos de metralla que lanzaba la aviación franquista. Trozos que, en alguna ocasión, eran incluso más grandes que su propia hermana pequeña. No podía ni siquiera imaginar qué pasaría si uno de esos artefactos rompiera la ventana y entrara dentro de la casa. Cerró los ojos.

Minutos más tarde se hizo el silencio. Al cabo de unos segundos, Luisa notó cómo su tía le retiraba los brazos de encima. No quería abrir los ojos de nuevo. Le daba la sensación de que, si se quedaba así, todo iría bien. Ni siquiera era capaz de notar si sus hermanas todavía le sostenían la mano de la fuerza con la que las presionaba. Finalmente los abrió. Se giró hacia Teresa, que le devolvió la mirada con alivio. Núria, por su parte, todavía tenía los ojos completamente cerrados. Las tres estaban bien. Todo lo demás ya no tenía la menor importancia.

—Llévalas al comedor, Teresa. Os prepararé algo de comer —dijo, con la voz temblorosa, Cecilia. Cuando cerraron la puerta de la cocina, se dejó caer en una de las sillas cerca de la ventana.

Posó las manos con delicadeza encima de su barriga y empezó a llorar. Si aquello se repetía otra vez, no podría aguantarlo.

A la mañana siguiente, tocaron a la puerta. Cecilia, que se había quedado dormida en una butaca del salón, se levantó. «Soy María, niñas», escuchó. Mientras se dirigía a la entrada, volvieron a tocar. «Cecilia, abre. Soy María. Soy yo». Abrió. Allí estaba. La vio más delgada y demacrada que cuando le dejó a las niñas.

—¿Qué te ha pasado? ¿De dónde vienes?

—Estoy bien, tranquila. ¿Dónde están las niñas? —respondió María, acelerada como siempre.

—Durmiendo, arriba. No las despiertes, ayer fue horrible. No se quedaron tranquilas hasta la madrugada. —A Cecilia se le adivinaba una expresión en la cara que bailaba entre el cansancio y la resignación más absoluta.

—Lo sé. Menos mal que estáis bien —dijo mientras se quitaba la capucha que llevaba puesta. Además de esconderle el rostro, que cada vez era más conocido entre las filas del enemigo, la protegía del frío intenso que azotaba gran parte de la Catalunya interior—. Voy a cocinarme algo, si no te importa. Llevo días sin comer.

—Claro, pasa, pasa…

María entró en la casa y fue directa a la cocina. Dejó el petate encima de la mesa y se puso a rebuscar en los armarios de la despensa, situados al fondo de la estancia. Cecilia entró detrás de ella.

—Queda un poco de sopa de cebolla en la cazuela…

—Sí, mejor, tenemos poco tiempo.

—¿Poco tiempo? ¿Para qué?

María cogió la cazuela y, sin tan siquiera encender las ascuas para calentarla, la empezó a servir en un plato.

—Ve recogiendo tus cosas. Nos vamos a Francia.

ELNA
6 de febrero de 2020
Elna

Desbloqueo el teléfono al tercer intento, entre leves temblores, intentando disimular la voz rota que mi cerebro ya está proyectando sin aún haber pronunciado una sola palabra.

—Hola, papá, ¿cómo estás? —Tenía el teléfono enganchado a la oreja y no paraba de dar vueltas al comedor. Siempre hablaba mientras caminaba, cuando estaba nervioso.

—Bien, bien, vamos haciendo. ¿Y tú?

—Aquí estamos, bien. Oye, una cosa… ¿Me podrías dejar el coche mañana para ir a Francia? Tengo la furgoneta un poco jodida y me da miedo ir solo con ella.

—Mmm… Sí, creo que mañana no tengo nada que hacer. ¿A Francia a qué, por cierto?

—A Francia a… Elna.

—Ah, vale. Bueno, tráelo por la noche que lo necesito el domingo.

—Sí, sí. Sin problema, tan pronto como acabe,

vuelvo pitando. Ahora me paso a recogerlo. Gracias.

—Vale, avísame cuando estés llegando y lo voy sacando.

Cuelgo. No hace falta que vaya a buscar ningún coche. Al cabo de dos minutos me vuelve a llamar y me dice que me recogerá a primera hora. Los dos sabemos que no podemos hacerlo solos.

A las once de la mañana empiezo a ver carteles que indican Elna. Me da la sensación de que llevo más de medio día conduciendo. Miro el reloj del coche. Ni siquiera ha pasado una hora y media desde que hemos salido de casa. Voy mirando el GPS con atención nerviosa y me percato de que el desvío que debemos coger, un camino sin asfaltar que no parece conducir a ningún lugar, aparece de sopetón en mitad de una carretera secundaria flanqueada por árboles a ambos lados. No puedo conducir ese último tramo sin mirar yo mismo el navegador. No es que no me fíe de las indicaciones del copiloto, es que así vamos más tranquilos los dos y nadie sale herido de todo aquello. Demasiadas horas solo en la carretera, supongo.

El traqueteo del SUV destensa un ambiente cargado de ilusión y miedo escénico. ¿Cómo será la casa? Había visto infinitas veces el documental, la película, las pocas fotos que todavía quedan en archivos digitales… Pero, nada más llegar, todo empieza a tomar una forma totalmente distinta a la que siempre había imaginado. Veo crecer, poco a poco, una especie de palacete modernista, escorzado hacia la izquierda en un camino que se ensancha de golpe con una ligera planicie para aparcar el coche. Salimos lentos, el día es frío y nadie tiene ganas de hablar con entusiasmo. Nos quedamos mirándola, sin decirnos nada, sin cruzar palabra, con un mundo extraño en nuestras cabezas que desempolva muy lentamente un pasado familiar que nadie hasta ahora ha sido capaz de desenmascarar. Sabemos que nos encontramos ante el verdadero comienzo de una aventura que todavía no sabemos si nos dará las respuestas que buscamos. Somos conscientes de que, por fin, hallaremos esa extraña paz mental que durante tanto tiempo habíamos buscado sin siquiera saber el motivo.

Llevo entre las manos la única prueba que puede demostrar el paso de mi abuela y sus hermanas por Elna. Me había pasado todo el viaje con la carpeta protegida en mi regazo, incluso mientras conducía. Una fotografía de ellas tres que, junto a María, posan justo delante de lo que se supone es la puerta de entrada a la cocina. Esta es la primera de las incontables visitas que seguiría haciendo a la Maternidad. Hasta llegar a la definitiva.

Entramos por la puerta principal, reformada, que nada tiene que ver con lo que me habían descrito mi abuela y sus hermanas. Ni siquiera con las pocas fotografías de la época que circulaban por la red. Debe ser la nueva fachada de la que había oído hablar, reformada a causa de los destrozos que sufrió la casa en los años siguientes. Un conjunto de cuadrados acristalados presidía toda la pared central, de arriba abajo. En el primer piso, se atisba una puerta —decorada con infinitos vidrios de colores, dejando intuir motivos modernistas— que da a un pequeño patio cerrado, inundado con piedrecitas decorativas. Justo por debajo, el suelo dibuja una ligera rampa que desemboca en una puerta corredera automática con sensor de movimiento.

—Bon dia— digo, a propósito, en catalán.

—*Bonjour, monsieur. Combien êtes-vous?*

—Som dos —repito, otra vez en catalán.

—*Parfait, c'est huit euros au total* —responde sin ni siquiera levantar la mirada del ordenador. Le alargo un billete de diez y me da el cambio. Es únicamente en este preciso instante cuando me mira por primera vez, con una sonrisa forzada, y se vuelve rápidamente hacia la pantalla, sin más explicaciones.

Una entrada más moderna que la de cualquier centro comercial de una gran ciudad y un trato más típico de una ventanilla de estación de cercanías que de uno de los iconos de la historia española y europea del siglo pasado. Me da la sensación de que somos las dos únicas personas de todo el lugar realmente conscientes del suelo que pisamos.

Empezamos a recorrer las habitaciones en silencio. En la primera, nos detenemos para ver una breve proyección de Elisabeth Eidenbenz, la enfermera suiza que en 1938 habilitó lo que por entonces era un edificio casi en ruinas para convertirlo una maternidad, donde nacieron 597 niños y niñas de exiladas republicanas españolas y judías europeas. Los hijos del infierno. Bebés traídos al mundo por comadronas y voluntarias que habían vivido o vivían un infierno igual o peor. Nos encontramos con estancias presididas por grandes biombos que explican la historia del lugar, con grandes fotografías inéditas que transportan al visitante a épocas que hoy se tiñen más de ficción que de memoria histórica. El suelo, de parqué antiguo, cruje cada vez más a medida que avanzamos. Esos mismos crujidos se convierten en una especie de llantos que dan paso a las imágenes de los bebés que, gracias a Eidenbenz, pudieron nacer en un lugar seguro.

Más de mil mujeres encontraron refugio en lo que acabó convirtiéndose en un pequeño oasis dentro del caos y la destrucción que asolaba el continente a principio de la década de los 40. En 1944, una delegación de la Gestapo acabaría clausurando el lugar. Eidenbenz, que ya no pudo seguir escondiendo a las refugiadas perseguidas por el movimiento nazi tras varias amenazas de la Policía Secreta del Estado, no tuvo más remedio que abandonar cuatro años de trabajo y casi seiscientos partos de un día para otro.

«Fue el momento en que comí los mejores platos de toda mi vida», me había dicho mi abuela en una de las últimas visitas a su casa. Era irónico. En mitad de un periodo que acabaría matando a sus padres y supondría el mayor trauma de todas sus vidas hasta hoy, las tres hermanas disfrutaron de un breve y difuso intervalo donde comieron, jugaron y rieron más que nunca.

—No sé si estamos en el lugar adecuado, Marc... —Me despierto de mi breve ensoñación tras las palabras de mi padre, que resuenan más fuerte de lo normal tras casi media hora de silencio absoluto.

—¿No has encontrado la puerta, tampoco? —le pregunto.

—No...

—Vamos fuera, quizás está en la parte de atrás.

Salimos al jardín de la casa y recorremos todo el patio hasta la parte de atrás. Aunque se trata de un espacio relativamente pequeño, tardamos más de un cuarto de hora en cerciorarnos de que allí no hay ninguna puerta que se asemeje a la de la fotografía. «Salíamos por atrás», me dijo mi abuela días antes de partir hacia Elna. Pero aquí, en la parte de atrás, no hay ninguna puerta que dé paso a unas escaleras que bajen a ningún lugar. El corazón se me encoge. Noto cómo, de un momento a otro, me invade una sensación de vacío infinito. Algo se rompe en mi interior y no sé exactamente por qué. Tampoco logro encontrar los algarroberos en aquella pendiente que tantas veces me había descrito Luisa y que, según ella, era donde pasaban la mayor parte de sus ratos libres. La pendiente más pronunciada que encuentro es una bajada insignificante que, además, se encuentra detrás de las verjas que cercan el recinto.

—Bueno, aquí ha habido muchas reformas, piensa que han pasado ya más de ochenta años y que nada de lo que vemos ahora coincide… —me dice mi padre.

—Ya, bueno. Hay demasiadas cosas que no encajan. No lo sé, quizás no estuvieron aquí.

Pasaron cosas terribles que pudieron distorsionar sus recuerdos. —Me llevé las manos a la cabeza. Acto seguido, coloqué la foto con las manos a medio metro de distancia de mis ojos, con el edificio justo detrás.

—No creo que la abuela se invente algo así, sinceramente. No te obsesiones, es muy difícil saber si es o no es este lugar después de tantos años.

—Inventarse no, por supuesto, pero… En fin. Da igual. Vámonos, aquí seguro que no nos van a iluminar —respondí de mala gana, mirando en dirección a la recepción, que se encontraba justo al otro lado.

Nos dirigimos hacia el coche, otra vez en silencio. «Conduzco yo, tranquilo», me dice. Salimos de allí sin mirar hacia atrás. La hipótesis de que María y sus hijas estuvieron en la Maternidad se desmonta cada vez más a medida que avanzo en la investigación. ¿Podía ser verdad que mi abuela se hubiera imaginado todo aquello? Al final, está claro que Nuri no lo recuerda, y Neus me dijo claramente que en Elna no estuvo nadie de la familia. Pero, entonces, ¿de dónde era aquella fotografía? ¿Y por qué se la habían enviado a su familia, en Lleida, en plena guerra civil? ¿Cómo podía ser que las tres vistieran aquellos vestidos tan nuevos y limpios?

Noto que el teléfono me vibra más veces de la cuenta. Evidentemente, se trata de una llamada, pero lo último que me apetece ahora es hablar con nadie que no me dé buenas noticias sobre María. El teléfono sigue vibrando. Lo ignoro de nuevo. Al cabo de unos minutos, justo cuando nos incorporamos a la autopista A-9 en dirección a la frontera, decido sacármelo del bolsillo y mirar la pantalla. Son dos llamadas de mi abuela. Será para preguntar cómo ha ido el día, pienso. Pero mi abuela nunca llama dos veces. Aunque estoy casi seguro del motivo, decido devolver la llamada por si acaso. Descuelga rápidamente.

—Hola Marc, ¿Qué tal? —Se adivina un cierto nerviosismo en su tono.

—Bien, bien. ¿Y tú? Ya estamos volviendo.

—Ah, muy bien, ya me contarás. Oye, me ha llamado la tía Teresa —dice con un hilo de voz.

—¿Ah, sí? Y qué, ¿está bien? —respondo, sin darle mayor importancia.

—Sí, sí. Dice que quiere enseñarte algo, unas cartas —la voz se vuelve cada vez más ininteligible.

—¿Cómo? ¿Unas cartas? —me incorporo de inmediato. Empiezo a frotarme la rodilla izquierda con la mano libre. Mi padre también se incorpora y lanza una rápida mirada de incredulidad.

—Sí, de María. Llámala mañana por la mañana. Pero, por favor, con mucho cuidado. No sé por qué me lo ha dicho, es muy raro. Tú no has hablado con ella, ¿verdad?

—¡No, no! Te lo prometo… —respondo. No me lo puedo creer, por fin ha llegado el día.

—Vale. Id con cuidado, por favor. Un beso para tu padre. Adéu… —Cuelga sin esperar mi respuesta.

—¡POR FIN! —grito. Mi padre se vuelve a girar y me mira.

—Pero ¿qué pasa? ¿Está todo bien? ¿Quién era?

—La abuela. Dice que Teresa quiere enseñarme unas cartas de María. ¡Unas cartas de María! ¿Desde cuándo hay cartas de María?

—Ve con cuidado, por favor. Están muy mayores —responde mi padre, rebajando el momento de exaltación.

Estoy seguro de que, aunque no lo reconozca, a él también se le ha iluminado el rostro detrás de las gafas de sol que todavía lleva puestas. Vuelvo a mirar la foto. Respiro hondo y cierro los ojos. Noto un cansancio repentino que me hace, esta vez sí, dejarme llevar por un sueño breve, pero profundo, hasta llegar de nuevo a Barcelona.

ASSUMPTA
10 de febrero de 2020
Barcelona

Habíamos intercambiado varios correos a lo largo de las últimas semanas. No pensaba que no quisiera quedar conmigo, pero el hecho de encontrar un hueco para seguir hablando de Elna con un joven desconocido no entraba entre sus prioridades en pleno periodo de excursiones escolares. Desde la publicación del libro, una de sus actividades principales eran las visitas guiadas a la Maternidad, sobre todo de clases de instituto. Me había citado en la librería Laie, en el número 85 de la calle Pau Claris. Es una de las pocas librerías de la ciudad que todavía conserva una cafetería de las de verdad en su interior. De esas con baldosas de piedra coloridas tan lustrosas que se confunden con grandes alfombras persas.

Abro las puertas de cristal y voy directo a las escaleras que suben al piso de arriba. Una hoja de tamaño A4, pegada con una tira adhesiva por la parte de arriba, cuelga inclinada hacia la izquierda con las palabras impresas en negro «CAFE-TERÍA ARRIBA». Llego cinco minutos tarde y Assumpta no parece, según lo poco que he podido intercambiar con ella, de ese tipo de personas a las que les guste esperar. Cruzo todo el piso hasta la terraza interior, siguiendo sus indicaciones previamente detalladas en alguno de sus cortos y precisos mensajes de texto. Una vez allí, no me cuesta demasiado distinguirla entre la multitud de mesas. Había visto su fotografía en varios medios de comunicación y, por si acaso, había memorizado su cara en el metro viendo una intervención suya en Matadepera Televisió subida a YouTube.

—Hola, perdona, Assumpta. Llego un poco tarde… —le digo mientras me agacho para extenderle la mano. La mochila se me cae hacia un lado, y tengo que saludarla en cuclillas mientras la recojo.

—No, tranquilo, a ver si te puedo ayudar en algo. Aunque, por la foto que me mandaste, es muy difícil de saber —responde de primeras. Es la primera vez que escucho su voz y, contrariamente a lo que me acostumbra a pasar, no me encaja para nada con su semblante. Habla de forma muy suave. En algunas frases, casi inaudible. Todo lo cuenta con un hilo de voz que parece estar a punto de romperse en cualquier momento.

—Todo esto empezó, como te conté, cuando mi abuela vio la Maternidad en aquel reportaje por primera vez. Dijo que había estado allí y nadie se lo podía creer. Ni siquiera mi padre y mi tía. —Me quito la chaqueta y resoplo dibujando una media sonrisa—. Al cabo de unos días, mientras comíamos, le empecé a preguntar sobre el tema y me enseñó esta fotografía. —Se la extiendo—. Dice que es en Francia.

—Es extraño que una mujer como ella, con tres hijas ya mayores, estuviera en Elna durante tanto tiempo. Aunque también había mujeres a las que se les daba cobijo temporal, no era algo muy habitual. Y, aún menos, con tres hijas. Además, he buscado en las listas del personal de la Maternidad y no aparece ninguna María Ferrer Ferrer por ningún lado… Aunque ya te digo, están incompletas, como todo lo que puedas encontrar de esa época.

Vuelvo a resoplar, esta vez sin tratar de vestirlo con ningún gesto afable. El veredicto cae sobre mí como un jarro de agua fría. La mujer que ha concluido una de las mayores investigaciones históricas sobre el palacete de Bardou (era el nombre del edificio antes de convertirse en la Maternidad) está poniendo en duda que hubieran estado allí sin ni siquiera tomarse la molestia de volver a revisar la foto.

—Pero todo puede ser —dice, alzando la voz por primera vez—. Aunque no encaje con ninguna de las puertas actuales, la Maternidad ha sido reformada varias veces. A finales del 39, cuando se habilitó como centro sanitario, se hicieron reformas importantes, ya que venía de estar abandonado… —Levanta la mirada de la foto, que yo mismo se la había dejado enfrente, y me mira a los ojos directamente—. Y también cuando se volvió a reformar a principios de los 2000, para que acabara convirtiéndose en un centro de memoria histórica.

—De todas las fotos que he visto, no parece que esta puerta coincida con ninguna de las estructuras anteriores. Pero es que la cantidad de fotos que quedan es muy reducida. Además, creo que, según lo que me has contado, debería ser la puerta de la fachada central, que es la que se ha reformado más veces.

—Puede ser, sí.

Se coloca bien las gafas y frunce el ceño en lo que parece un gesto inquisitivo.

—¿Qué te ha contado ella, exactamente, de cuando estaba allí?

—Que había varios niños. Recuerda que jugaban juntos, salían mucho al jardín, recogían algarrobas… Lo de las algarrobas me lo ha repetido varias veces. Dice que estaban en pendiente y que debían ir con mucho cuidado para no caer mientras las recogían. —La miro fijamente a los ojos, pero vuelve a tener la mirada fija en la fotografía—. También me dijo que iba un maestro a darles clase algunos días, y que había una mujer que hablaba un idioma muy extraño. Dice que no sonaba como el inglés, así que deduzco que era alemán, y que el lugar era alguno de los establecimientos de acogida de la Ayuda Suiza… ¡Ah, sí!

Una vez, cuando ya debían abandonar la casa, cree, vinieron unos gendarmes para llevarlas a Rusia.

Muchos de los hombres y mujeres en el exilio, ante la desesperación de no saber qué iba a pasar con ellos tras la victoria franquista, decidieron enviar a sus hijos lejos de España. Se calcula que cerca de 38.000 niños y niñas, hijos de militares republicanos, fueron enviados al extranjero. Uno de los destinos más comunes fue la antigua Unión Soviética, donde se calcula que fueron evacuados entre 2.000 y 3.000 menores de edad. De hecho, ya a finales de 1936 hay evidencias de la propuesta del gobierno de la URSS de aceptar niños y niñas españoles. La más importante se recoge en las memorias de Constancia de la Mora (directora de relaciones con la prensa extranjera de la II República Española), quien escribió sobre el envío a la URSS de su hija junto con la hija de un piloto fusilado por los franquistas en diciembre de 1936, dejando constancia de que se trataba de los primeros niños de territorio español que se enviaban hacia allí.

—Quizás podrían estar en el Castillo de Sigean. Fue, junto a Elna, uno de los centros de acogida más importantes durante el exilio. Eso sí, solo había niños —vuelve a mirarme. Esta vez, el volumen de su voz baja tanto que tengo que inclinarme hacia ella para escuchar lo que dice. Empiezo a plantearme si el que tiene un problema de oído realmente soy yo—. La mayoría, sin sus padres.

—¿Se dedicaban a intentar reunirlos de nuevo con sus padres, entonces?

—Exacto.

La colonia de Sigean, ubicada en un castillo de enormes dimensiones del cual hoy solo quedan unas pocas ruinas, estaba situado a poco más de sesenta kilómetros al norte de Elna. El lugar cerró después de un año de funcionamiento —entre mayo de 1939 y el mismo mes de 1940—, periodo en el que se acogieron entre ciento cincuenta y doscientos niños. Los que fueron reclamados en España, se repatriaron —se calcula que unas dos terceras partes del total—, y otros tantos se volvieron a reunir con sus familias exiliadas en distintas partes de Francia. El resto, unos treinta aproximadamente, fueron transferidos a otras pequeñas colonias cercanas.

—Haz una cosa —dice, mientras anota algo en una servilleta—. Escríbele. Es una de las grandes expertas en Sigean. Ella te podrá decir si estuvieron allí.

En la servilleta había anotado el nombre de María Ojuel Solsona. Justo debajo, su correo electrónico personal. Sin avisar, Assumpta se levanta de la mesa, un movimiento que denota cierto grado de impaciencia. Llega tarde a otra cita, me dice entre susurros, de nuevo. Se despide con un: «Mantenme informada sobre lo que vayas descubriendo», mientras me estrecha la mano. La sigo con la mirada hasta que desaparece por la puerta que conduce al interior del bar. Me siento de nuevo en la silla, que de golpe me parece extremadamente incómoda, todavía sosteniendo el papel entre las manos. Antes de levantarse, había colocado la foto cuidadosamente en el centro de la mesa, apuntando hacia mí. Dejo caer la mirada en los ojos de María que, esta vez, me mira con aires entre burlescos y desafiantes.

No escribiría al contacto que me había facilitado casi dos años más tarde. Sería poco después de eso cuando, por fin, obtendría las respuestas que buscaba.

RUSIA
Verano / otoño de 1939

Teresa llevaba más de una hora limpiando el parqué. Al ser la mayor de las tres, se pasaba las horas ayudando a su madre. Sus dos tareas principales eran limpiar el suelo y echar una mano con las comidas. Era de las pocas chicas que trabajaban. El resto de las niñas —en esos días había tan solo un niño varón— se pasaban el día jugando. Exceptuando, eso sí, el día que venía el maestro. Ese día se reunían todos, Teresa también, en una de las habitaciones para dar clase.

—Deja el cepillo y ve a la cocina, que necesitan ayuda, ¡por favor! —gritó María desde la otra punta de la sala.

—Vale, mamá —respondió Teresa, obediente.

Estaba agotada. Desde que habían llegado allí no había hecho más que trabajar. Aunque María le dejaba las tardes libres, desde que abandonaron Cervera no había podido dormir bien ni una sola noche. El camino hasta la frontera la había dejado extenuada. Cuando su madre ya no tenía fuerzas, se encargaba de coger a Núria como si cargara un cántaro de agua y agarraba a Luisa de la mano. Se sentía, más que la hermana mayor, la mano derecha de su madre. La muerte de Pere lo había cambiado todo. Sobre todo, la había cambiado a ella.

Y luego había llegado el infierno. Cuando por fin cruzaron la frontera, tras estar varios días esperando, las subieron a un autobús. Su madre no le había dicho hacia dónde iban. Peor de lo que habían pasado no había nada, pensó Teresa.

—Teresa, ¡qué bien que hayas venido! ¿Me puedes ayudar a preparar la mesa? La comida ya casi está lista —le dijo la cocinera. De hecho, no sabía si realmente era cocinera, pero siempre la veía entre los fogones—. Cuando acabes, saca el pan que hay en el horno, por favor, y lo cortas.

Tenía grabada la pastelería que vio nada más salir de Le Perthus, el municipio fronterizo que en marzo de 1939 ya había visto huir a gran parte de los 465.000 exiliados españoles que escapaban del ejército sublevado. «Boulangerie», ponía. No sabía lo que significaba, pero algo bueno debía ser. Tras varias semanas sin comer más que una vez al día, aquellos panes gigantes, postrados en las vitrinas, les daban la bienvenida. Era una señal, pensó.

Lo que vendría después las perseguiría cada noche durante el resto de sus vidas. El autobús las dejó justo delante de la playa. Miles de personas se amontonaban unas encima de otras. Había muchísimos niños y mujeres. Los más mayores se sentaban directamente en la arena, exhaustos, tapados con los pocos trapos que habían podido encontrar. Una valla kilométrica delimitaba un espacio inmenso de una playa que parecía no acabarse nunca. Más tarde descubriría que aquello era Argelès-sur-Mer, el mayor campo de internamiento de refugiados españoles en el sur de Francia. Lo que debía ser un espacio de acogida temporal de tan solo quince días, acabó recibiendo a más de cien mil personas que provenían de territorio español en un periodo que se alargó casi un año y medio. En junio de 1940, la invasión de las tropas nazis obligó a desalojarlos.

—¿Pongo más agua? —preguntó Teresa, tras haber colocado el pan cuidadosamente cortado en la mesa del comedor.

—Sí, llena un par de botellas más, por favor. Y ya puedes llamar al resto para sentarnos a comer —le respondió la cocinera mientras retiraba la gran olla del fuego. Teresa siempre recordaría a aquella mujer, que parecía no sentir ningún dolor al coger cualquier utensilio de cocina al rojo vivo.

En Argelès cocinaban con el agua del mar. Algunos días, incluso, les tocaba bebérsela. Algunas madres preparaban los biberones de sus hijos con ella cuando los guardias decidían no darles agua potable durante varios días. Los más pequeños y frágiles acababan muriendo. Ellas, por suerte, dormían encima de un colchón. El tío Ramón, que se encontraba al otro lado del campo, donde estaban los hombres, lo consiguió lanzar a través de la concertina. Teresa todavía recordaba aquel momento, en el que seis o siete hombres se subieron unos encima de otros para poder arrojarlo al otro lado de la valla. También recordaba cómo dormían con las cabezas en la barriga de su madre, para darle calor, ya que se aquejaba de un dolor cada vez más fuerte en la cintura.

—¡Ya están aquí! —gritó, de golpe, la cocinera.

Teresa, que todavía no había salido de la cocina, logró divisar varías ruedas de vehículos que se dirigían a la puerta principal. Dejó las botellas de agua en el suelo y fue corriendo a buscar a sus hermanas, que jugaban fuera entre los árboles.

—¿Dónde vas, Teresa? ¡Trae aquí a tus hermanas ahora mismo! —vociferó María, que todavía se encontraba fregando las baldosas del suelo de la planta principal, cuando la vio pasar por delante mientras salía escopeteada por la puerta de entrada.

Luisa y Nuri estaban con el resto de los niños a pocos metros del camino de entrada. Teresa tuvo que sortear el convoy que acababa de llegar para recoger a sus hermanas. Justo enfrente había un enorme autobús flanqueado por dos coches, uno delante y otro detrás, que parecían ser de la policía francesa. Cogió a las dos, una por cada mano, y se dirigió a la Maternidad de nuevo, dejando al resto del grupo allí. Esta vez, rodeando el edificio por fuera para no tener que pasar cerca de los coches.

Una vez dentro, escuchó voces que gritaban en francés al otro lado. Los policías ya habían entrado. Seguidamente, gritos de niños en castellano: «¡No quiero, no quiero!». María las fue a buscar y, sin decir nada, las empujó hasta la entrada.

—Se van a Rusia, Teresa —dijo.

Tras pronunciar esas palabras, un gendarme de piel rosada agarró a Luisa y Nuri, una por cada brazo. Lo hizo con tanta fuerza que Teresa sintió cómo se le escapaban las manos de sus hermanas al momento. Miró a su madre de nuevo con cara de pánico. El autobús estaba lleno de niños de entre cinco y diez años. Entre ellos se encontraban seis que hasta hacía apenas unos minutos estaban jugando con sus hermanas entre los árboles.

—¡No se van! —gritó Teresa. Lo hizo tan fuerte que hasta el policía se detuvo, sorprendido. Agarró a sus hermanas por la mano de nuevo y las estiró. El gesto fue tan rápido que el gendarme no tuvo tiempo de reaccionar. Las tumbó contra el suelo y las protegió como pudo, con su cuerpo a forma de escudo.

—Teresa, es lo mejor, por favor… No hay nada que hacer —le dijo María, con voz nerviosa, inclinándose hacia ella. No pudo decir nada más.

El policía, que no tenía ganas de perder el tiempo, observó la escena y, tras unos segundos de reflexión, volvió a girarse y empezó a bajar las escaleras. Justo antes de entrar al primer coche, gritó: «Allez». Los vehículos se pusieron en marcha y abandonaron la Maternidad por el mismo camino de entrada. María seguía inclinada hacia sus hijas atrapadas por el cuerpo de Teresa, que todavía las presionaba contra el suelo.

—No nos van a separar —logró gritar. Con las primeras lágrimas en los ojos que María le había visto desde que empezó la huida, se giró hacia su madre—. Ni tú, ni nadie.

TERESA
27 de julio de 2021
Cerdanyola del Vallès, Barcelona

Por fin ha llegado el día. Llamo al timbre de abajo y, como siempre, a pesar de que sabe de sobra que iba a llegar sobre las nueve de la noche, pregunta quién es. Seguramente, ni tan siquiera haya escuchado mi respuesta. Era una de aquellas costumbres que, tras nueve décadas, uno no podía quitarse de encima. Aunque quisiera.

Subo las escaleras, como siempre he hecho desde que tenía trece años, una a una, contando los peldaños y preguntándome si diecisiete era el número que había contado la última vez o si me habría vuelto a olvidar. Por primera, vez siento nervios al entrar en una casa que ya es casi tan familiar como la mía, pero con la diferencia de que por primera vez ha dejado de ser aquel lugar donde solía ir los miércoles a comer un plato de paella exageradamente lleno al salir del instituto. Me encuentro la puerta entreabierta y pronuncio un «hola» que, por primera vez, no suena despreocupado. Cierro la puerta con mucho cuidado, agarrándola fuerte por el pomo.

No obtengo respuesta hasta que llego al comedor, atravesando el pasillo que tantas veces había recorrido, con la cocina a mano izquierda y un mueble de formas sinuosas «típico de abuela» a la derecha. Encima, una pequeña escultura de mármol muy pesada y un pequeño cuenco vacío que no tenía ninguna función útil.

Llego al salón y lo primero que oigo es un: «¡Ay, guapo!», desacompasado a tres voces. Primero, la hermana menor, con una energía que por un momento casi me desequilibra y me obliga a apoyarme levemente sobre la barroca mesa de madera que preside el encuentro. Después, mi abuela, con su clásico: «¿Cómo estás, chato?», y un «ay», que interpreto como un: «¿En qué momento se te ocurrió la brillante idea de empezar todo esto?». Por último, ella. Allí está, sentada en la butaca del fondo del salón. En el trono que había sido custodiado por mi abuelo durante más de cuarenta años y que nadie había logrado profanar nunca. A sus noventa y dos años, Teresa me mira con una expresión difícil de olvidar. Serena e impasible, pero con una elegancia suprema. Entre las manos tiene unos sobres de papel antiguo con los bordes doblados hacia adentro fruto del paso de los años: las cartas. Me dedica una media sonrisa sin añadir ni una sola palabra.

Me siento en una silla que coloco al lado de los sofás ante un estridente alarido de: «¡Pero siéntate en el sofá!», «Ni hablar, ven aquí, ya me siento yo en la silla», y: «¡Quieres dejar de hacer el tonto! Anda, ven aquí». Pero ese día me mantengo firme en mi decisión. Soy de esos que, ante una situación poco cómoda, prefieren quedarse un poco al margen. Por lo que pueda pasar. Y durante esta conversación puede pasar cualquier cosa. Incluso que Teresa me ordene detener el libro de inmediato.

Con la espalda recta y el rostro serio pronuncio un «bueno» que dura más de lo habitual, seguido de un: «¿Cómo estáis?», de la forma más neutra con la que nunca me he dirigido a las tres personas más buenas, cálidas y honradas de este planeta.

«Bien», «Como siempre», «Nosotras cada día más viejas, no como tú», «Haciendo, haciendo...», y algunas frases mundanas más que intentan restar importancia al motivo del encuentro o retrasar el momento en el que la memoria empiece a hablar.

—Te aviso de que ya no me acuerdo de mucho. Pero intentaré hacer un esfuerzo. A ver, ¿qué quieres saber exactamente? —me dice, de repente, Teresa. El resto calla, de golpe.

—Bueno, no lo sé... Lo que recuerdes, vaya. Sin que te suponga un problema, claro. No quiero que después de esto...

—A ver —me corta, imponiendo un nuevo silencio que vuelve a caer como un mazazo encima de la mesa—. Lo que recuerdo es lo que ya te habrá contado tu abuela. Supongo. O no. Nosotras fuimos a Argelès, al campo de concentración, aunque de todo aquello no puedo acordarme mucho. O quizás es que no quiero. Creo que había negros. Eran muy altos, y forzudos... Esos te trataban bien, creo.

—Pues yo de los soldados no me acuerdo —interviene Luisa.

—Mejor, Luisa, mejor… —Se gira hacia mí—. Tienes que pensar que la mente borra aquello que te causa mucho dolor.

—Sí, claro, como un mecanismo de defensa. —Me mira haciendo una mueca, como si no hubiera escuchado nada—. ¡COMO UN MECANISMO DE DEFENSA!

Luisa y Nuri la agarran por la mano, una a cada lado, y empezaron a explicarle que «NO SE ACUERDA PORQUE LA CABEZA BORRA ALGUNAS COSAS, PERO QUE NO PASA NADA», y que «TRANQUILA, QUE SI NO TE ACUERDAS DICE QUE ES NORMAL». En ese momento decido no volver a interrumpirla más.

—Sí, sí… Claro. Un día, un autobús nos recogió, ¿sabes? Nos llevó a todas a la casa. Era una casa preciosa, con un terreno inmenso. Había muchos árboles. Con muchas frutas, recuerdo. Y también había un niño con una cabra que venía de vez en cuando y nos daba leche a todos. Era fresca, ¿sabes? Fresca de verdad. Supongo que la «mamá» debía conocer a alguien. Tengo un recuerdo horrible de todos aquellos años… Pero en esa casa todo iba bien. Fue muy bonito.

Se vuelve a quedar callada, mirando hacia abajo. Se apoya con las dos manos en su bastón, que mantiene entre las piernas aun estando sentada. Parece como si se preparara para levantarse e irse en cualquier momento. Se hace de nuevo el silencio. Hasta que vuelve a hablar.

—Tienes que pensar que todo había sido horrible. Incluso antes de irnos de Lleida, vimos cómo mataban a un hombre en el portal de casa, cuando íbamos a entrar mientras volvíamos del cine. Era un cura, creo, porque llevaba el traje negro con el cuello alto… ¡Y nuestra madre no dijo nada! ¿Tú te crees? Lo mataron y no dijo nada, ¡ay, Dios mío!

—SÍ, BUENO… EN ESOS TIEMPOS… —No me atrevo a decir nada más—. PERO EN LA CASA QUE DICES QUE ESTUVISTEIS, ¿SABES SI ERA ELNA?

—Yo eso no lo sé, Marc. De tanto que he querido olvidar, creo que he acabado haciéndolo… —repite—. Recuerdo la escalera de caracol, que subía hacia arriba. Era majestuosa… Había dos, una a cada lado, y me pasaba el día fregando el suelo de parqué que crujía, madre mía, con esa cera que teníamos. Todo brillaba mucho.

Levanta la mirada hacia el pasillo. Es como si estuviera viendo, justo enfrente, la doble escalinata de mármol que regentaba la entrada de la todavía supuesta Maternidad. De repente, se vuelve hacia mí. La cara empieza a desencajársele poco a poco.

—Ay, no lo sé, hijo… Ella estaba muy puesta en la política, nuestra madre. Siempre me dijeron que la habían matado. Lo único que conservo de ella son unas pocas cartas de justo antes que desapareciera. Las firmaba con el nombre de Nicolasa. Mis tíos me dijeron que era una prima suya, pero yo nunca me lo creí. Supongo que se escondía de algo y no podía decir que era ella. La recuerdo muy poco, ¿tú crees que alguien se merece recordar tan poco a su madre? Y era sombrerera, qué profesión tan bonita, ¿eh? Pero nos quiso abandonar muchas veces, hasta que al fin lo hizo. Y, al final, la acabaron matando.

El silencio vuelve a inundar la sala. Apoya la cabeza en el bastón y empieza a temblar. Hace el gesto de alargarme las cartas de su madre, que todavía guarda en su mano derecha. Habían empezado a arrugarse hacía algunos minutos, fruto de sus temblores. Me inclino hacia ella y las cojo, sin atreverme a pronunciar ni una sola palabra. Sus hermanas la vuelven a agarrar, cada una por un brazo, como si tuvieran miedo de que cayera hacia delante en cualquier momento.

—Que Dios la perdone —rompe a llorar. Y repite, con un hilo de voz tan tenue que parece que sean las últimas palabras que va a pronunciar en su vida—: que di, di, Dios la perdone.

EL CAFÉ
28 de noviembre de 2021

El sonido estridente de los cláxones vuelve a inundar la calle Pau Claris de Barcelona tras meses de tregua. Ya no recordaba cuál era el ruido verdadero de esa ciudad. La drástica reducción de coches en la carretera durante los dos últimos años de pandemia había ruralizado la sonoridad de una ciudad que volvía a su pleno auge. Miro el reloj. Son ya las cuatro y treinta y cinco minutos de la tarde. Llega tarde. Algo que, a pesar de nuestra escasa relación, me parece extraño en ella. De repente se oye a alguien, justo detrás, resoplar de forma exagerada.

—¡Perdona, de verdad! Ha sido una locura llegar hasta aquí. He tenido que esperar dos autobuses porque iban llenos. —Cruza los brazos y se muerde el labio inferior mientras agita la cabeza de lado a lado en señal de protesta.

—No te preocupes. Ya ves. El que debería pedir disculpas, en primer lugar, soy yo… ¡En fin!

—¡Nada, de eso nada! —grita—. Va, entremos dentro y tomemos un café. Aquí te parece bien,

¿verdad? —dice mientras señala el cartel de «El Fornet», la cafetería que me había propuesto para el encuentro.

—Sí, claro. Perfecto.

La hija de Neus me había llamado una semana atrás. No es de esas personas que te dan una cita con poca antelación, así que me sorprendió que me llamara para vernos a los pocos días. Pide un par de cafés. Se deja invitar, cosa que agradezco. Nos sentamos en la primera mesa que vemos libre.

—Bueno, lo primero que quiero decirte es que quiero que publiques toda esta historia. Tengo muchas ganas de leerla. ¿Cómo lo llevas?

La conversación empieza un tanto extraña. Maria Neus era una mujer de formalismos, y aquellas primeras palabras parecían tener la intención saltárselos lo más rápido posible.

—Bien, bien… No me queda mucho, la verdad. Está siendo muy difícil. No solo recuperar la memoria histórica, que ya es un gran reto. Las entrevistas han sido muy complicadas. Me he dado cuenta de que a veces no es que la gente no quiera contarte algo doloroso de su pasado, simplemente hay cosas que se olvidan para poder sobrevivir.

Mientras pronuncio esas palabras me doy cuenta por primera vez de su parecido físico con Teresa.

—Tienes toda la razón, Marc. —Calla durante algunos segundos que empiezan a hacerse incómodos—. A mi madre le ha dado un brote de demencia. Nos llamaron de la residencia hace unas semanas. Nunca le había ocurrido, a pesar de su edad. Todavía no nos dejan visitarla. Cree que está en plena guerra civil. Me he volcado tanto en tu historia que no he medido las preguntas que le hacía cada vez que iba a verla.

Mi cuerpo queda totalmente paralizado. Noto cómo me invade una ola de calor nervioso que recorre todo mi cuerpo de cabeza a pies.

—Le han dado varios ansiolíticos y parece que está estabilizada. Pero tienen miedo de que no vuelva… —Me mira y cambia el tono de inmediato. Supongo que acaba de darse cuenta de que mi rostro ha empalidecido bruscamente en cuestión de milésimas de segundo—. Pero no te preocupes, de verdad. Todo va a salir bien.

Noto cómo, muy poco a poco, la quemazón que sentía hacía un momento se convierte en una especie de escalofrío que me deja, ahora, destemplado.

—Lo, lo… siento mucho, joder —alcanzo a decir.

—Lo siento, no. No es tu culpa, fui yo quien se empecinó en que recordara, en preguntarle más y más para ver si lograba encontrar más información de la que nos contaba. —Maria Neus está totalmente serena. Es, de hecho, una de las personas más tranquilas y pausadas que he conocido. En ningún momento muestra ninguna reacción desmesurada. Da la sensación de que todo está bajo control. Pero en mi interior se acaba de romper algo irreparable.

—Ya, bueno, la culpa es mía por haber insistido tanto. De verdad, espero que se recupere pronto. ¿Qué puedo hacer para ayudar? Entiendo que verla en persona sería contraproducente.

—No, no. Eso no. Si acaba recuperándose y te volviera a ver, podría recordar de nuevo todo aquello. Lo último que nos contaron es que gritaba por las noches como una posesa hablando de que llegaban los facciosos, y lloraba muchísimo. Nunca la habían visto así. Es totalmente surrealista, y con la edad que tiene es peligrosísimo que siga así mucho tiempo más. —Hace una pausa y le da un sorbo al café. Yo ni siquiera lo he probado—. Además, el encuentro con tu abuela y sus hermanas habrá que aplazarlo indefinidamente.

—Sí, claro, por supuesto. Lo siento, de verdad… —No sé qué responder. Es la primera vez que siento esta sensación. Había cruzado una de las líneas rojas que, bajo cualquier circunstancia, me había prometido no cruzar.

Maria Neus se levanta tras responder a mis últimas disculpas con una media sonrisa. Yo hago lo mismo al instante, como por acto reflejo. Me coge los brazos con las dos manos, un gesto que interpreto como una especie de abrazo, profundo y sincero.

—Acábalo, por favor. Mi madre no te va a poder contar nada más, pero acábalo. Todo lo que te falta está en su diario —da un suspiro y me agarra todavía más fuerte—. Hazlo por todas ellas.

LA DESPEDIDA
Finales de primavera de 1940

—Si no salgo en menos de media hora, corre a por tus hermanas y largaos de aquí.

María se despidió de Teresa con un beso en la frente. Podía contar con los dedos de una mano las veces que su madre le había dado un beso. De hecho, nunca antes se lo había dado en la frente. No sabía, o quizás sí, lo que iba a ocurrir a partir de entonces. Llevaba, por primera vez tras volver a España, un vestido de color gris oscuro. De hecho, era una de las dos únicas prendas de ropa que logró retener en la frontera, donde le requisaron el petate. Cogió aire, miró a su hija mayor a los ojos fijamente, y se dirigió a la comisaria de la Guardia Civil que quedaba cerca de la estación de Lleida. Desde finales de 1939, los gobernadores civiles habían asumido la dirección de todos los cuerpos policiales, incluida la propia Guardia Civil, que durante la guerra habían sido dirigidos por las autoridades militares.

Teresa, tras esperar más de una hora, aguantando las lágrimas de rabia e impotencia que tanto le había prohibido su madre a lo largo de los últimos meses, dio media vuelta y se dirigió a la estación. Allí estaban, en el mismo lugar donde les había dicho que esperaran, Luisa y Nuri. A su lado, el petate viejo con unas pocas prendas de ropa para las tres y el otro vestido que su madre había podido rescatar.

—¿Y la mamá? —preguntó Luisa, estremeciéndose al ver volver su hermana sola.

—No puede venir. Vámonos a Vilanova. Ayúdame a cargar esto. —Teresa señaló la bolsa y cargó a Nuri en brazos. Nunca volvieron a ver a su madre.

Tras más de un año exiliadas, aquella era la primera vez que volvían a pisar la ciudad que las vio crecer. Desde la muerte de Pere, no habían hecho más que vivir a contrarreloj. Su vida se había convertido en una especie de huida, de un lugar a otro, siempre con el miedo a ser encarceladas, violadas o fusiladas en cualquier momento. No habían pasado más de varios días —o unas pocas semanas, a lo sumo— en un mismo lugar, a excepción de los meses que fueron recluidas en

Argelès. Y, por supuesto, del breve idilio que vivieron, supuestamente, en la Maternidad. De refugio en refugio, María había luchado por la supervivencia de sus tres hijas con todo lo que le quedaba. Ahora, por fin, lo había conseguido.

Tras abandonar la Maternidad, fueron deportadas de nuevo a España a través de Irún. A pesar de encontrarse a escasos kilómetros de La Jonquera, la frontera más cercana, el gobierno franquista había dado la orden de que todos los refugiados volvieran por un corredor unitario. Tardaron varias semanas en llegar hasta allí. A María, además, la tuvieron retenida durante varias horas en la frontera. Intentando esconder su militancia política por enésima vez, acabaron dejándola pasar tras alegar que sufría una enfermedad terminal y que se dirigía a Lleida para dejar a sus hijas a cargo de sus abuelos paternos.

Según Luisa, tardaron semanas en llegar a Lleida desde que salieron de la frontera vasca. Realizaron el trayecto en tren. «El vagón iba lleno de gente. Dormíamos unos encima de otros, como podíamos. Recuerdo que hicimos tantas paradas que ninguna de las cuatro nos poníamos de acuerdo en la cantidad de veces que el tren se detuvo. Cuando llegamos, el suelo se me movía, como si siguiéramos viajando en el vagón. Esa sensación no desapareció hasta pasados varios días», me dijo en una de las últimas entrevistas.

María Ferrer moriría unos meses más tarde. Concretamente, el 17 de diciembre de 1940. Según el registro de fallecimiento, lo hizo en el Hospital Provincial de Zaragoza a consecuencia de un shock cardiorrespiratorio en una operación de «extirpación de quiste gigante de ovario». A ninguna de sus hijas se les había comunicado nunca aquellos detalles de la defunción. No hay evidencia de que hubiera ningún tipo de velatorio. Ni siquiera de que, al entierro, que tuvo lugar en el cementerio de Torrero, acudiera ningún familiar. Ninguna de sus tres hijas asistió al funeral. De hecho, ni siquiera hay constancia de que se celebrara. Por entonces, Luisa vivía con uno de los hermanos de su padre en el centro de Manresa, Núria estaba en casa de un hermano de su abuelo en Vilanova de Bellpuig, y Teresa ya estaba en Cerdanyola con el matrimonio que formaban Ramon Casulleras —también hermano de su padre— y su esposa.

No hay rastro de la lápida donde supuestamente fue enterrada. Ni siquiera desde el ayuntamiento de la ciudad han sido capaces de encontrar ningún documento más que el registro de inhumación. En él consta el entierro, registrado al día siguiente de su muerte, por valor de cincuenta y cinco pesetas —cincuenta por la sepultura y cinco por el automóvil fúnebre—. De segunda clase, especificaba. Hasta después de muerto dejaban claro de dónde venías. Al final del documento constaba la renovación del nicho, el 24 de diciembre de 1945, cinco años más tarde. A diferencia del resto, el recuadro del domicilio estaba en blanco. Ni siquiera figuraba la dirección que aparecía en las primeras cartas que enviaba a su hija, cuando firmaba bajo el pseudónimo de Nicolasa.

Las últimas noticias fueron un conjunto de siete cartas, enviadas a Teresa, desde una dirección del barrio del Arrabal, en la ciudad de Zaragoza. En ellas, María no hace referencia a nadie. Ni siquiera habla del lugar donde se encuentra. A lo que sí hace referencia es a su enfermedad, de la cual se suponía que se estaba recuperando. Y también a que el hecho de trasladarse a casa de sus suegros, en Vilanova, no era bueno ni para su recuperación ni para el trabajo que les daría a todos. Lo que sí repite una y otra vez, en todas y cada una de ellas, es que echa de menos, como a nada en el mundo, a sus tres hijas.

¿Quién renovó su lápida? ¿Sería Nicolasa alguien real y no solo un pseudónimo para hablar con Teresa? ¿Por qué sus hijas no acudieron al entierro? Si la lápida se renovó cinco años más tarde, ¿por qué nadie se puso en contacto con alguna de las tres para darles lo poco que quedaba de ella? ¿Quién era realmente María Ferrer Ferrer? ¿Por qué no hay rastro de ella en prácticamente ninguno de los archivos históricos? Todavía quedaban muchos interrogantes por resolver que, según parecía, nunca hallarían respuesta.

Menos uno.

LA VENTANA
Noviembre de 2021
Elna

Son las nueve de la mañana. La alarma del reloj ya ha sonado más de tres veces. La vuelvo a posponer. No tengo más sueño, pero me da pereza volver a afrontar una nueva decepción en Elna. No tengo claro el motivo por el que decido volver, una vez más. Ya he perdido la cuenta de todas las veces que he entrado en el maldito palacete.

Ayer me puse al volante de la furgoneta. Decidimos pasar unos días de viaje y, «casualmente», Elna volvía a quedar de paso. Me digo a mí mismo, intentando autoconvencerme, que lo hago para enseñarle a Cristina, mi pareja, el lugar del que tantas veces he hablado en casa. «Sí, claro, nos viene de paso…», me respondió, dubitativa cuando se lo propuse. Pero ella ya puede imaginarse perfectamente cómo era todo aquello. No le hace falta volver a recorrer los doscientos kilómetros que nos separan. De eso estoy seguro. Finalmente, acepta la invitación. Ya me conozco el camino casi de memoria. Además, como casi siempre he conducido yo, me sé de memoria incluso los cambios de tonalidad de la carretera, organizados en suerte de pedazos mal puestos de distintos tamaños que muestra la AP-7 —la autopista que llega hasta Francia a través de La Jonquera— cuando empiezas a acercarte a la frontera.

Hemos pasado la noche muy cerca de Colliure, a menos de veinte minutos de la Maternidad. Cuando falta poco para que sean las diez, finalmente, nos levantamos. Desayunamos café y un par de galletas. Lo hacemos de pie, justo enfrente del vehículo. Recogemos rápido y arrancamos.

Hace un calor impropio de finales de noviembre. Aparco el vehículo fuera, en la parte exterior del recinto. Me doy cuenta de que han limitado el acceso en coche al interior. Mucho mejor, pienso. La hilera de coches que se formaba justo enfrente del edificio rompía la magia que debía generar la primera vez que alguien pone un pie en este lugar. Todavía no sé el motivo, pero tengo la sensación de que esta vez todo va a ser distinto.

Llegamos a la entrada, y la misma mujer de siempre me recibe en un francés todavía más incomprensible para mis oídos. Le alargo un billete de diez euros, como de costumbre, y me devuelve el cambio. Ninguno de los dos cruzamos ni una sola palabra. Cristina queda asombrada con lo que ve cuando cruzamos la puerta de entrada. «Vaya…», dice en voz baja, casi susurrando, por el asombro que le produce lo que ve nada más entrar. Hacemos el recorrido de siempre. Primero, nos detenemos para ver la proyección del documental sobre Eidenbenz. Y, luego, recorremos en silencio todas las salas, de derecha a izquierda, de los dos pisos superiores.

Días atrás, me había reunido con la historiadora que me había recomendado Assumpta, para ver si realmente estuvieron en el Castillo de Sigean. María Ojuel Solsona, historiadora y experta en las principales colonias y refugios a los que acudieron los refugiados españoles en el sur de Francia, cotejó los nombres de María Ferrer y sus tres hijas supervivientes en las bases de datos de Sigean, Les Martys y otra vez en la de Elna, por si acaso. De nuevo, no aparecía nada acerca de ellas.

Había leído las cartas de María incontables veces. Incluso las había puesto a contraluz, para ver si se me escapaba algo escondido entre los sobres. En ellas no se hacía ninguna referencia a Elna. Se disculpaba, una y otra vez, por lo que habían sufrido sus hijas, pero sin concretar ni lugares ni hechos. Lo que sí revelaban es que se había hecho pasar por otra persona para mantener su anonimato. Solo firmaba con su nombre en la última de las siete cartas. «Como ya me conoce el cartero puedo escribir en mi nombre», empezaba.

Llegamos al segundo piso. Me quedo postrado en la entrada de una de las estancias. «Marruecos», se puede leer en un cartel reluciente. Este lugar fue, durante los cuatro años de funcionamiento de la Maternidad, la sala principal de partos. Se dice que Elisabeth le puso ese nombre en tono irónico porque, cuando entraba allí, lo veía todo «muy negro». Me hace gracia. Una broma así, hoy, sería inconcebible. Y menos en un lugar como aquel.

—¡Maaaarc! Ven— Cristina me llama desde la sala situada al otro extremo de la planta. Lo hace en un tono de voz lo suficientemente elevado para que la escuche, pero lo bastante bajito para que nadie se gire dándose por aludido.

Me desplazo hasta la otra ala, donde la encuentro rodeada de gente.

—Dime —le digo, mientras me apoyo en su hombro.

—¡Mira, mira! Creo que he encontrado la puerta de la foto —señala una de las fotografías impresas en el biombo más cercano a la ventana, justo enfrente de la chimenea—. ¿La tienes aquí?

Es la primera vez que no la llevo encima estando en Elna. Por suerte, la tengo guardada en el teléfono. Le muestro la fotografía en la pantalla. Se acerca a la imagen que había señalado. Es una foto de principio del 2000, justo antes de la reforma que la convertiría en el museo histórico que es hoy. En ella se puede divisar la fachada principal, tantas veces reformada, totalmente destruida. A pesar de ello, se pueden entrever las ventanas y puertas que la conformaban. De hecho, es la única fotografía que he visto donde puede adivinarse cómo era aquella cara del edificio en los años de actividad del centro sanitario.

Cristina aparta suavemente a dos visitantes para hacerse hueco entre ellos. Cuando llega a al biombo, pone el teléfono al lado de la fotografía. Se gira. No entiendo nada. Me hace un gesto nervioso con la mano para que me acerque. Vuelvo a apartar a la pareja que se interpone entre nosotros. Esta vez, parecen un poco hartos y me lanzan una mirada molesta cuando traspaso la barrera que se han empeñado en formar.

—¿Cómo lo puedes ver? No veo nada... —entorno los ojos y acerco la cabeza hasta quedar a menos de un palmo de la imagen.

—¡Mira bien, por Dios!

En un gesto instintivo, me tapo la boca con la mano tras inhalar de forma sonora. Dibujo la pronunciación de un «ah» silencioso con los labios. Noto cómo se me erizan todos los pelos del brazo derecho, uno a uno. Después, me ocurre exactamente lo mismo en el izquierdo. Cristina sigue sosteniendo el teléfono al lado de la fotografía. La puerta del primer piso.

Había mirado ya por todas las habitaciones de la casa. Luisa no acostumbraba a desobedecer. Y menos aún cuando se trataba de una fotografía con sus hermanas. En Lleida solían hacerse algunas, sobre todo, jugando en casa de los abuelos. La turbina era el lugar favorito de las tres, y María lo sabía.

—¡Luisa! ¡Luuuuuisaaaaaa! ¿Dónde estás?

Salió por la puerta principal para comprobar, por tercera vez, que no estuviera en el jardín. Nada. Al entrar, oyó un sollozo en la habitación que, dentro de poco, sería testimonio de los centenares de partos que tendrían lugar allí. Todavía no la habían bautizado. «Cuando tengamos el primero, nos vendrá el nombre solo. Ya veréis», le había dicho Elisabeth mientras cenaban. Cuando abrió la puerta, se encontró a Luisa acompañada de la hija de la cocinera.

—Lo siento, mamá —le dijo a María, sin atreverse a mirarla a los ojos, mientras sostenía una muñeca de trapo completamente destrozada. En el suelo había unas tijeras de cocina. El arma con la que había perpetuado aquel crimen.

—Yo no he sido —pronunció la otra niña mientras salía escopeteada de la sala.

María cogió a Luisa del brazo y la levantó. La muñeca se precipitó al suelo, justo encima de las tijeras, dejando caer un puñado de serrín a través del enorme agujero que tenía en la espalda.

—¡No se te puede regalar nada, de verdad! Menos mal que ya estás vestida. Vamos rápido a hacernos la fotografía. ¡Va, date prisa, rápido! El hombre lleva más de veinte minutos esperando.

La arrastró por el pasillo hasta la puerta de la fachada principal. A Luisa le dio la sensación de que no pisó el suelo en todo el trayecto. Allí esperaba Nuri —que no soportaba las fotografías—, apoyada en el brazo de Teresa. «¡Va, rápido!», le dijo la pequeña a Luisa cuando por fin apareció con su madre. María la colocó a su derecha, agarrándola con la mano, mientras posaba la otra en el hombro izquierdo de Teresa. Nuri seguía apoyando su cabeza en ella en gesto de protesta. Rodeando a todas sus hijas con los brazos, en una muestra del dominio matriarcal que había caracterizado a la familia hasta entonces, susurró un «sonríe» que Luisa captó de inmediato. «Clac», se escuchó.

—Gracias, y disculpe —le dijo al fotógrafo. Tocando el hombro de Teresa, en un gesto amable, ordenó a su hija—: Ayúdame a escribir algo cortito.

Hay que enviar este retrato a la tía Neus, ahora que podemos. Vamos dentro.

Apoyo el dedo índice de la mano izquierda en el biombo, justo encima de aquel ventanal. Tiene dos puertas, una de ellas ligeramente abierta. Cada una de ellas se divide en tres hileras de pequeños cuadrados acristalados, bordeados por un marco de color blanco. Justo encima, a pesar de la mala calidad de la impresión, se puede adivinar un hueco acristalado de varios colores, protegido por una cubierta de hierro.

Coincide a la perfección con la puerta de la fotografía. Han sido dos años y medio de largas noches buscando fotos que coincidieran, entrevistas con grandes expertas en historia de mediados del siglo pasado y largos viajes, repetidos una y otra vez. Había tenido la respuesta justo enfrente desde el primer momento. Quizás se ha escondido a propósito, todo este tiempo, para enseñarme que la clave de todo no reside en si habían estado o no en Elna. Quizás ha sido una trampa para fijar mi atención en lo verdaderamente importante de todo: el camino que las había llevado hasta allí.

Aunque ahora ya sé el camino que me ha traído a estas líneas, dejo las incógnitas que no han resuelto las noches de insomnio frente a los documentos rescatados del olvido familiar. Siendo sincero, aún desconozco cómo María acabó en aquel lugar tan icónico para la resistencia republicana. En aquel pequeño oasis en mitad del caos infernal que supuso el final del conflicto. Cómo, sin estar embarazada ni tener conocimientos de asistencia sanitaria, estuvo en la Maternidad durante un largo tiempo con sus tres hijas, ya demasiado mayores. Ni tampoco si lo que ocurrió en aquel hospital provincial a finales de 1940 fue una muerte natural o, como confesó Teresa, la asesinaron.

Ella, que tuvo que sostener el cadáver de su hija de tan solo cuatro años entre los brazos. Que tuvo que renunciar a su propia identidad durante los últimos meses de su vida. Que no supo nada más acerca de sus hijas, a las que se había visto obligada a abandonar. Que murió sola, sin ningún entierro o velatorio, con el único luto de que a Nuri, Luisa y Teresa las vistieran de negro para ir al colegio sin saber por qué.

Lo que ahora nadie podrá negar nunca será la resiliencia que llevó a una mujer extraordinaria a luchar hasta la muerte por sus ideales. A dejarse la vida, completamente sola, para que sus hijas pudieran tener lo que ella nunca tuvo: un país en paz. Aunque María no pudo ganar la guerra por ellas, sus hijas sí que pudieron ganarle la guerra a la vida. Y gracias a estas mujeres, completamente anónimas, hoy podemos recordar que la batalla persiste. Que la paz se lucha. Y que la vida sigue.

Última carta de María, veintiséis días antes de su fallecimiento.

Para: Srta. Mª Teresa Casulleras
Virgen del Pilar, 32, Sardanyola (Barcelona)
Dirección del Remitente: —

Zaragoza, 21-11-40

Mi adorada pequeña,

Como ya me conoce el cartero puedo escribir en mi nombre. Recibí tu carta con la inmensa alegría que siempre tengo al recibir las tuyas, y más al darme noticias de Marisa y Nuri y decirme que están tan bien y contentas. ¡Cómo os recuerdo!

Me preguntas si estoy bien de mi enfermedad. Igual que cuando llegué, de la pierna me puse pronto muy bien. Pero de mi enfermedad desgraciadamente estoy peor. El miércoles de esta semana vinieron a visitarme a casa. Tengo que ir a los 15 días, pues me tienen en observación. Es posible que me pase como a la tía y tenga que ingresar en el hospital, pero también pudiera ser que no hiciera falta.

De todas maneras, pase lo que pase, la mami te quiere ver siempre valiente y serena, sobre todo en la adversidad. Y ya sabes que me disgustaría mucho si así no fuera.

Y cuando ya esté completamente restablecida, vuestra mamá trabajará mucho, muchísimo, todo cuanto pueda, para formar nuestro nuevo hogar. Donde no habrá comodidades, pero que os rodeará tan inmenso cariño, tanto, que os compensará de todo lo pasado. Y, como en los cuentos, viviremos felices.

Y, mientras, mi buenísima Maritere, te pido que seas buena y cariñosa. De los yayos y tíos, con quienes están Nuri y Marisa, no sé nada. No me han escrito ni me han contestado a la carta que yo les escribí hace ya muchos días.

Yo te iré escribiendo y te diré cómo sigo. Y tú, siempre que puedas, me darás noticias de las nenas. Te mando esta foto del papá. Procura que no se pierda, pues es la única que tengo de él.

Recuerdos para todos y para ti un abrazo fuertísimo con un millón de besos de tu mamá, que no deja de pensar en ti ni un solo minuto.

María

NOTAS FINALES

Neus Casulleras superó el episodio de demencia. Los médicos recomendaron a sus hijas que, dentro de lo posible, no la volviera a visitar. Por el mismo motivo, tampoco se pudo llevar a cabo un encuentro entre ella y las tres hijas de María y Pere. Murió finalmente el 23 de agosto de 2023 a los 103 años.

En el momento de la publicación de este libro, Luisa Casulleras Ferrer (93 años) y Núria Casulleras Ferrer (90 años) siguen con vida. Teresa Casulleras Ferrer, la hermana mayor, murió el 22 de septiembre de 2022.

Las tres hijas del matrimonio Casulleras Ferrer han podido saber, tras más ochenta años de silencio y gracias a la conclusión de este libro, que su madre murió oficialmente en Zaragoza a causa de un shock cardiorrespiratorio en mitad de una operación de extirpación de ovario. Que sus padres fueron militantes comunistas y que los dos fueron víctimas, directa e indirectamente, del ejército de Franco. El verdadero motivo de la muerte de María no ha podido contrastarse. Teresa, a pesar del documento, sigue afirmando que fue asesinada.

En ninguno de los múltiples registros de exiliados, supervivientes y muertos del bando republicano, tanto en España como en Francia, se ha encontrado ningún otro rastro acerca de María Ferrer Ferrer. El único documento es el carné de afiliación al PSU de Lleida. Tras varias visitas al cementerio de Torrero, la tumba tampoco se ha encontrado.

EPÍLOGO

Noviembre de 2023

Pocos días antes de la publicación del libro, y todavía con el pavor sobre cómo se desarrollaría un acontecimiento que llevaba más de cuatro años esperando −sobre todo por las reacciones que generaría en el seno familiar¬−, llegaron las últimas noticias.

En otoño de 2022 había realizado una petición de documentación relacionada con María Ferrer Ferrer y Pedro Casulleras Sitjas al Centro de Documentación y Memoria Histórica, ubicado en el número de dos de la calle Gibraltar de Salamanca. Habiendo pasado ya prácticamente un año, y sin siquiera tener presente aquella gestión −había realizado tantas peticiones de documentación que apenas recordaba a quién y cómo−, a finales de octubre de 2023 llegó un correo.

Estimado Sr.:

Al realizar la búsqueda de documentos correspon-dientes a Pedro Casulleras Sitjas hemos localizado unas referencias que no se conservan en este centro.

Se   trata   de   AGA,16,07430,15284, AGA,16,07430,14162, AGA,16,07430,17578

Adjuntamos presupuesto por la documentación solicitada.

Atentamente,

Habían encontrado algo, tanto de María como de Pere. Hice los procedimientos de pago correspon-dientes —siempre tediosos en este tipo de procesos— y, ahora sí, al cabo de pocos días, recibí un enlace. Entre la documentación adjunta, se encontraban archivos del Partido Socialista de Alicante, Lérida y Madrid, y cuatro páginas de la hemeroteca general.

De todas ellas —ocho en total— solo cuatro hacían alguna referencia a mis bisabuelos. El resto hacían referencia a historias de otras Marías y otros Peres que, con los mismos apellidos, también se habían implicado de un modo u otro en los últimos días de la resistencia republicana.

Los dos primeros archivos pertenecían a la hemeroteca general. Uno de ellos era la portada del periódico del Partido Comunista editado en Barcelona Frente Rojo, concretamente de la edición del 31 de agosto de 1938. El segundo archivo adjunto correspondía a la tercera página de la misma publicación. Me costó encontrarlo. Cuando por fin lo hice, una extraña sensación de liberación recorrió todo mi cuerpo. Noté como si me atravesaran las cuatro extremidades con miles de agujas diminutas, desde los dedos hasta el tronco. Mi cabeza, ardiendo, quedó suspendida en el aire, como si la hubieran separado del resto del cuerpo.

Era un texto breve, dedicado a los pilotos de la aviación, que se había enviado al periódico y que éste había decidido publicarlo. Explicaba que la Unió de Dones de Catalunya acaba de ser constituida en Cervera, y que su primer acto consistia en rendir homenaje a los «héroes de nuestra Gloriosa (Fuerzas Aéreas de la República Española), al abatir los Fiat, Savoia y Meisserchsmdt extranjeros al servicio de la destrucción y el crimen».

Además, también dejaba patente el compromiso de «todas las madres de España y Cataluña [...] para trabajar entusiastamente hasta el agotamiento por la causa». Lo firmaba desde Cervera, a 26 de agosto de 1938, María Ferrer, tres meses antes de la muerte de Pere en esa misma ciudad.

El desconcierto, esta vez mayúsculo, llegó al abrir el segundo archivo. Pertenecía al Partido Socialista de Lleida. Se trataba de un documento, mecanografiado, en cuya parte superior se podía leía: Relación de los Militantes del PSUC Radio Lérida que poseen armas. Era una lista con tres columnas: Nombre y Apellidos, Marca y Calibre. En la segunda página, poco antes de llegar a la mitad, encontré su nombre. El mecánico afable y modélico. Ajeno a cualquier lucha armada, y «arrastrado» a la muerte por culpa de los delirios políticos e irracionales de su mujer.

Nombre y apellidos: Casulleras Pedro
Marca: Star
Calibre: 9, corto

El resto de las referencias relacionadas con Pere –que localizaron desde el Centro de Documentación y Memoria Histórica, tal como indicaron en el correo– se encuentran en el Archivo General de la Administración. No han llegado a tiempo para incluirlas en el libro.

AGRADECIMIENTOS

VERKAMI

La estremecedora historia de *Las niñas de Elna* es fruto de la financiación popular recaudada a través de la plataforma Verkami. La edición ha sido posible gracias a las aportaciones de personas y colectivos que referenciamos en el siguiente enlace. Gracias por hacer posible este libro.

https://pol-len.cat/noticies/mecenas-de-las-ninas-de-elna/

ANEXOS
Cartas

Zaragoza - 21 - 11 -

Queridísima hija

[...] mensa a
gría que me diste con todas las no
cias que en ella me das.

[...]
querida pequeña: [...] me compl
[...] con tener noticias de tanto en
[...] Supongo que ya habrá
[...] a Marisa y que habréis
[...] de mil cosas, que tú con
[...] a la mamá, y me dirás si si
[...] Nuria
esa vez que sigue tan fresota
como siempre; pero me alegro m
chísimo de que no esté triste y q[ue]
esté gorda y alta,
[...]

si llevó la nena.

Le dices a la tía Francisca que también yo tengo muchas ganas de verla y charlar de muchísimas cosas, pero por ahora es imposi- tendremos que tener paciencia un tiempo.

Hoy escribo a María Eu- nia y le daré lo que me dices p. ella.

Con muchísimos recuerdos a los tíos y la tía cuidarla y que se cure pronto del todo.

Y tú, chiquilla mía, un fortísimo abrazo de toda el alma de tu

Madre

Zaragoza - 5-11-40

Mi adorada pequeña.

Alégrate un poco, pues el médico me ha dicho que vuelva dentro de quince días, todavía tengo confianza de que no tenga que quedar en el hospital, pero no nos hagamos ilusiones por que estas enfermedades son traidoras. Ahora lo que mas sentiría que quisieras que fuera al pueblo de la tía Nieves por que allí estaría peor cuidada.

Cuando escribas a Mariza y Ñuri les dices que te manden unas líneas para mi y tu me las envías. Glory me ha escrito Maria Ardezen y no sabes lo que me pregunta por vosotras y las cartas de veras y besaros que tiene. Recuerdos para todas y millones de besos de tu Madre

A4723642

Tarjeta Postal

A Srta Mª Teresa Casulleras
Virgen del Pilar nº 32
Sardanyola
(Barcelona)

Dirección del Remitente
Mª Teresa Farro Nogué
Zaragoza

A 4709866

Tarjeta Postal

A Mª Teresa Casilleras
Virgen del Pilar 32
Sardañola
2º (Barcelona)

Dirección del Remitente
Torro Noques –
Zaragoza

En este lado se escribe solamente la dirección

Zaragoza: 14-16-40

Queridísima Maritere: Tan grande
a sido mi alegría al recibir tu postal
que no acertaba ni a leerla, pero en ella
no me dices nada de Marisa ¿Será tantas
ganas de saber como tengo, pues la Mini a lo
mejor se quedaría triste cuando marchaste.
te agradecería en el alma me escribieras una
carta y me contaras todo, si están bien o más
delgados si están tristes o como lo pasan.
Muchísimo me alegra que estés con los
tios y Francisca y sobre todo que la tía esté
completamente restablecida.
Espero que tú serás muy formalita
y muy buena, y que me escribirás una carta
larga contándome muchas cosas. Un fuertísimo
abrazo para todos con muchos besos de
que constantemente te recuerda Marisa

Zaragoza = 27-10-

Queridísima ¿? vea de
mi alma: recibí tu carta
con la inmensa alegría que
siempre tengo al recibir las
tuyas, y más al darme noticias
de Mariza y Nuri y decirme
que están tan bien y contentas. ¡Como os recuerda!

Me dices que has terminado la labor, pues ahora has de hacer cosas para la tía, fíjate mucho y procura hacerlas lo mejor posible.

Me preguntas si estoy bien de mi enfermedad o igual que cuando llegué; de la pierna me puse pronto bien pero de mi enfermedad desgraciadamente estoy peor, el miércoles de esta semana vinieron a visitarme a casa, tengo que ir a los 15 días, pues me tienen en observación, es posible que me pase como a la tía y tenga que ingresar en el hospital pero también pudiera ser que no hiciera falta, de todas maneras, pase lo que pase la ~~tba~~ mamá te quiere ver siempre valiente y serena sobre todo en la adversidad. y ya sabes me disgusta mucho si así no fueras, y cuando ya este completamente restablecida, vuestra mamá, trabajara

mucho, muchísimo, todo cuanto pueda para formar nuestro nuevo hogar donde no
habrá comodidades, pero que
os rodeara tan inmenso cari-
ñante, que os compensará de
todo lo pasado. Y como en-
cuentos, viviremos felices.

Y mientras mi bue-
nísima Maritere te pido que
seas buena y cariñosa. Y que
procures aprender bien lo que
enseñen. Yo estoy muy conten-
ta de que estés esta tempora-
da con los tíos porque sé que
ellos te guiarán por el camino
de la verdad.

De los yayos y tú
no sé nada, pues no me han
escrito ni me han contestado
a la carta que yo les escribí
que todavía estabas tú allí.

Yo te iré escribiendo y te
diré como sigo, y tú siempre
que puedas me darás notic
de las nenas.

Te mando esas fot
guardalas mucho, procura q
no se pierdan del papá es
única que tengo.
Cartero   Como ya me conoce el
puedes escribir a mi nom

Recuerdos para todos,
para ti un abrazo fuertísim
con un millón de besos de
tu mamá que no deja de pens
ni un minuto

Gloria

a mi buenísima Maritere

En el día de tu
cumpleaños te
acompañará mi
inmenso cariño. y
mi constante
recuerdo.

Zaragoza - 3-8-40

Villanueva

Nicolas

180

Certificados

DIÓCESIS DE HUESCA

CERTIFICACIÓN
DE PARTIDA DE BAUTISMO

Parroquia SAN FELIX, MARTIR

Don   **LUIS GARCIA TORRECILLA**

Población APIES

Encargado del Archivo ~~Parroquial de~~   DIOCESANO

Diócesis de Huesca   Diócesis de   HUESCA

Provincia de Huesca   **CERTIFICA:** Que según consta del acta reseñada al margen, correspon-

Libro   DUPLICADOS   diente al Libro de Bautismos,

Folio   ————   D.   **MARIA SILVESTRA FERRER FERRER**

Núm.   ————   fue BAUTIZADO el día 01 de   ENERO   de   1900

Notas marginales   Nació el día 31 de   DICIEMBRE   de   1899

NINGUNA -   siendo natural de   APIES   Diócesis de   HUESCA

Provincia de   HUESCA

PADRES: D.   PEDRO -

natural de   APIES

y de D.ª   PABLA -

natural de   APIES

ABUELOS PATERNOS: D.   ————

natural de   ————

y D.ª   ————

natural de   ————

ABUELOS MATERNOS: D.   ————

Natural de   ————

y D.ª   ————

natural de   ————

PADRINOS: FUE SU MADRINA TOMASA BENEDED, CASADA, VECINA DE APIES.

MINISTRO: D. FRANCISCO BERGES, CURA PARROCO

HUESCA , a 02 de   MARZO   de 2011

(Para otras Diócesis)   (Firma del Encargado del Archivo)
(Sello)

Obispado de Huesca

V.º B.º

CERTIFICACION DE PARTIDA DE BAUTISMO

Don ..... Juan Francisco López Ruiz ....
Encargado del archivo de la Parroquia .. Santa Engracia .... Diócesis y Provincia de Zaragoza

CERTIFICA: Que según consta en el Libro de Bautismos de esta Parroquia, Tomo ..11..,Folio.312,Nº1270
D. ..... María Teresa Justa Casulleras Ferrer ....

fue bautizado el día..10.. de ... Agosto .... de 1927...Nació el día ..5.. de Agosto
de 19.27.., siendo natural de ..Zaragoza............................ Provincia de ..Zaragoza.....
y Diócesis de ..Zaragoza...........................

PADRES.
    D. ..Pedro Casulleras Sicler ......
    natural de .. San Martín de Tormuell Prov. de ....
    y Dª. ..María Ferrer Ferrer ....
    natural de ..Aaien .... (Prov. de ... Huesca ....

ABUELOS PATERNOS:
    D. ..Francisco .... y Dª. .. Teresa ....

ABUELOS MATERNOS:
    D. ..... Pedro .... y Dª. ..... Pabla ....

PADRINOS:
    ... Francisco Casulleras .... y .. Pabla Ferrer ....

MINISTRO D. .. Eladio Silvestre ....

NOTAS MARGINALES: .. Fue confirmada en Albelaze de Arzobispo el
.. día 27 de mayo 1926 ....

Zaragoza, a ..24.. de ... Abril .... de ..2007....

(Firma del Encargado del Archivo)

(Para otra diócesis)
Obispado de Zaragoza. Vº Bº. El Vicario General

Bisbat
de
Lleida

Parròquia de la Mare de Déu del Carme
Lleida

JOAN MORA PEDRA,   rector d'aquesta parròquia

Certifica que en l'arxiu de baptismes consta aquesta partida

Llibre   B 7.8   Foli 107   Cara N

Nom i cognoms: **MARIA PILAR, MAGDALENA, RAMONA**
CASULLERAS FERRER

Data baptisme: 13/10/1929
Data naixement: 07/10/1929
Lloc naixement: LLEIDA   Província de   LLEIDA

Pares: **PEDRO CASULLERAS**
              Natural de: SANT JOAN DE VILATORRADA   Província de: BARCELONA
              MARIA FERRER
              Natural de: APIES   Província de: OSCA

Avis Paterns: **FRANCISCO CASULLERAS**
              Natural de: SANT JOAN DE VILATORRADA   Província de: BARCELONA
              TERESA SITGES
              Natural de: SANT JOAN DE VILATORRADA   Província de: BARCELONA

Avis Materns: **PEDRO FERRER**
              Natural de: APIES   Província de: OSCA
              PABLA FERRER
              Natural de: APIES   Província de: OSCA

Padrins: FRANCISCO CASULLERAS I FRANCISCA PONSACABADA VEINS DE
              LLEIDA

Ministre: RAMON ARTIGUES

Notes marginals:

LEGALITZACIÓ   la signatura que
autoritza aquest document és autèntica.
Data   El Vicari General

MARE DE DÉU
PARROQUIA   DEL CARME
LLEIDA

Lleida,   08/06/2007

Signatura i segell

183

Certificació de Baptisme

Parròquia de la Mare de Déu del Carme
Lleida

JOAN MORA PEDRA, rector d'aquesta parròquia

Certifica que en l'arxiu de baptismes consta aquesta partida:

Llibre: **B 7.8** Foli: **164** Cara: **N**

Nom i cognoms: **MARIA LUISA**
CASULLERAS FERRER

Data baptisme: **19/10/1930**
Data naixement: **09/10/1930**
Lloc naixement: LLEIDA   Província de: LLEIDA

Pares: **PEDRO CASULLERAS**
          Natural de: SANT JOAN DE VILATORRADA   Província de: BARCELONA
          NARIA FERRER
          Natural de: APIES   Província de: OSCA

Avis Paterns: **FRANCISCO CASULLERAS MARIMON**
          Natural de: SANT JOAN DE VILATORRADA   Província de: BARCELONA
          TERESA SITGES
          Natural de: SANT JOAN DE VILATORRADA   Província de: BARCELONA

Avis Materns: **PEDRO FERRER**
          Natural de: APIES   Província de: OSCA
          PAULA FERRER
          Natural de: APIES   Província de: OSCA

Padrins: PEDRO CLOSAS CASULLERES I MARIA CASULLERAS SITGES
           VEÏNS DE LLEIDA I VILANOVA DE BELLPUIG

Ministre: RAMON ARTIGUES

Notes marginals: Es va casar en Sant Martin de Santanyoia el dia 21 de juliol de 1995 con
                    Rafael Solanes Pascual

LEGALITZACIÓ: la signatura que
autoritza aquest document és autèntica
Data: El Vican General

Lleida, 08/06/2007

Signatura i segell

Bisbat
de
Lleida

Certificació de baptisme

Parròquia de la Mare de Déu del Carme
Lleida

JOAN MORA PEDRA, rector d'aquesta parròquia

Certifica que en l'arxiu de baptismes consta aquesta partida

Llibre: B 7.8   Foli: 257   Cara: v

Nom i cognoms: **NURIA, MERCEDES**
CASULLERES FERRER

Data baptisme: 26/02/1933
Data naixement: 04/02/1933
Lloc naixement: LLEIDA   Província de: LLEIDA

Pares: PEDRO CASULLERAS SITGES
              Natural de: SANT MARTI DE TORROELLA   Província de: BARCELONA
              MARIA FERRER FERRER
              Natural de: ASPIES   Província de: OSCA

Avis Paterns: FRANCISCO CASULLERAS MARIMON
              Natural de: SANT JOAN DE VILATORRADA   Província de: BARCELONA
              TERESA SITGES
              Natural de: SANT JOAN DE VILATORRADA   Província de: BARCELONA

Avis Materns: PEDRO FERRER VILLOBAS
              Natural de: APIES   Província de: OSCA
              PAULA FERRER UBIETO
              Natural de: APIES   Província de: OSCA

Padrins: MADRINA : MERCEDES FERRER OLIVAN VEÏNA D OSCA

Ministra: R. J. FRANCH

Notes marginals: Es va casar el 15 d abril de 1956 en Sant Marti de Sardanyola con Jaime
                  Segarra Ricart

LEGALITZACIO: la signatura que   Lleida, 06/06/2007
autoriza aquest document es autèntica
Data: El Vicari General   Signatura i segell

ESPAÑA
MINISTERIO DE JUSTICIA
REGISTROS CIVILES

N.° 3579947 /07

Certificación Gratuita
(Ley 25/1986, de 24-12)

NÚMERO 10

Casalleras Sitges
Pedro

186

En *S. Martín de Provalls* á las *cuatro*
de la *tarde* del día *cuatro* de *Marzo* de mil
ochocientos noventa y tres, ante D. *Domingo Garriga*
Juez municipal y D. *Jaime Torras* Secretario
compareció *Francisco Casalleras Matamon Obrero*
natural de *Pueblo* y término municipal de *S. Fru-*
osos Bages provincia de *Barna* domiciliado
en *S. Martín de Vilatorrada casado mayor de edad*
presentando, con objeto de que se inscriba en el Registro civil,
un *niño* y al efecto, como *Padre del mismo*
declaró: *Que dicho niño nació en su*
casa del desvarante á las seis de la
madrugada del día de ayer=
Que es hijo legítimo del declarante
y de su esposa Teresa Sitges Gonfaus
natural de Gracia dedicada á las ocu-
paciones propias de su sexo y domiciliada
en el de su marido=
Que es nieto por línea paterna de Pedro
Casalleras Obrero y Ana Matamon naturales
de Monbuy y por línea Materna de
Francisco Sitges obrero natural de
Cardona y Ana Gonfaus natural
de Gironella. Difunta el primero
es nieto y domiciliado en Vilatorra-
da y los abuelos paternos están
domiciliados en Maesera=
Y que al expresado niño se
le han puesto los nombres
de Pedro, José, Francisco

Todo lo cual presenciaron como testigos D. *Francisco Torras Mobat* natural del pueblo y término municipal de *Castellgalí* provincia de *Barcelona*, domiciliado en *Viguan de Vilatorrada* mayor de edad *casado labrador* y perito *Vila Casera* natural de * * pueblo y término municipal de *Castellgalí* provincia de *Barcelona* domiciliado en *Viguan de Vilatorrada* mayor de edad *casado labrador*

Leida integramente esta acta, é invitadas las personas que deben suscribirla á que la leyeran por sí mismas, si así lo creian conveniente, se estampó en ella el sello del Juzgado municipal y la firmaron el Sr. Juez *el declarante y los testigos de que cer-tifico*

Domingo Garrigós

Francisco Casellas

Isidro Vila   *Francisco Torra*

187

JUZGADO MUNICIPAL
NÚMERO UNO

ZARAGOZA

REGISTRO CIVIL

Cumpliendo lo interesado por V. S.
en oficio fecha 6 del actual
tengo el gusto de remitirle la adjunta
certificación de defunción de
María Jenor Ferrer
ocurrida en la demarca
ción de este Juzgado

188

Dios guarde a V. S. muchos años.
Zaragoza 11 de Abril
de 1949

Sr. Juez Comarcal de Sardañola

REGISTRO CIVIL DE DEFUNCIONES

JUZGADO MUNICIPAL N.º Certificación Gratuita
(Ley 25-1986, de 24-12)

En Zaragoza, provincia de su nombre, a las _trece_ horas y _treinta_ minutos del día _diez y siete_ de _Diciembre_ de mil novecientos _cuarenta_ ante D. _Francisco Cavero Aragonés_ Juez Municipal y D. _Alberto Campos Cobadilla_ Secretario se procede a inscribir la defunción de D.ª _María Ferrer Ferrer_ nacido en _Agüés_ provincia de _Huesca_ el día 31 de _Diciembre_ de 1901 hijo de D. _Pedro_ y de D.ª _Pabla_ domiciliado en _la calle_ de _el Forro Noguer_ número _diez y siete_ piso _____ de profesión _____ y de estado _viuda de Don Pedro Caballero y natural de Magreta provincia de Barcelona_ Que ha dejado tres hijos llamados María Ferrer, y María Antonia y María

falleció en _el Hospital Provincial_ el día _____ de _hoy_ a las _diez_ horas _____ minutos a consecuencia de _Shock respiratorio, operación quiste gigante de ovario_ según resulta de _certificación facultativa_

189

y reconocimiento practicado y su cadáver habrá de recibir sepultura en el Cementerio

de *Torrero*

Esta inscripción se practica en virtud de *manifestación personal de Don Francisco Otero Sánchez, mayor de edad, funcionario, domiciliado en esta Ciudad, Ramón y Cajal veintita, como encargado*

consignándose además

habiéndola presenciado como testigos D. *Cándido Guillén Manque* y D. *Cirilo Roca Salanova* mayores de edad y vecinos de *esta Ciudad*

Leída esta acta, se sella con el del Juzgado y la firman el Sr. Juez, los testigos *y el manifestante*

de que certifico

Cándido Guillén   Cirilo Roca

190

**REGISTRO CIVIL
CERVERA**

Consultados los indices y archivos de este registro civil, no aparece la

inscripcion solicitada en la fecha de su referencia, quizas los hechos

hayan ocurrido en otra localidad de la provincia. (consultado en los libros

de este registro civil de 1936 hasta el 1941)

Cervera, nueve de mayo de dos mil siete.

Señor encargado del registro civil

Señor ,mucho le agradecería me pueda
facilitar los datos ,-literales - que constan en
su registro civil relativo al fallecimiento de
mi padre

Pedro Casulleras Sitches

No dispongo de ningún documento
solamente tengo la certeza de que su
fallecimiento fue en Cervera ,durante los
bombardeos .
Quedo a la espera de sus noticias y le saludo
atentamente

Mi nombre es Nuria Casulleras Ferrer
Dni 38908233 f
Calle avda cataluya 20 atc 1
Sant Cugat del valles
 Barcelona
T 93-6748568

192

23 ABR. 2007

REGISTRO CIVIL
CERVERA (LLEIDA)

Fotografías familiares

194

*Si el Pol·len es el conocimiento, nuestro objetivo es transferir Pol·len
desde las autoras a las lectoras, donde germina haciendo posible la
producción de semillas, y estas, multiplican los conocimiento(s)*

Libro local = Lectura comprometida

Este es un libro publicado con el sello Libro local, que garantiza
que el 100 % de la elaboración —desde el diseño hasta la impresión—
se ha llevado a cabo por profesionales y empresas catalanas. Visita
llibrelocal.cat para conocer mejor esta iniciativa.

Libro ecoeditado

En el proceso de elaboración del libro hemos aplicado criterios
de ecoedición con el objetivo de reducir el impacto ambiental de la
producción y asegurar la aplicación de prácticas de respeto al medio
ambiente.

Algunos de nuestros criterios son el uso de papel FSC® certifi-
cado, como medida para evitar la deforestación, un formato que apro-
vecha el máximo de papel o la impresión en una imprenta local que
aplica criterios de protección del medio ambiente.

Pol·len edicions sccl somos una editorial cooperativa que pensa-
mos la ecoedición como una forma de entender los libros, de verlos y
sentirlos, de pensar los bosques como parte de los libros, de pensar los
libros como parte de nosotras, de pensar en nosotras como parte de
una Tierra, común.

Con este sello, el *Institut de l'Ecoedició* certifica que
este título ha sido impreso siguiendo criterios de
ecoedición.

Título: Las niñas de Elna
Editorial: Pol·len Edicions
Autoría: Marc Solanes
Año: 2023
bDAP202306103   Imprenta: Qpprint
ISBN: ISBN: 978-84-18580-96-3

MOCHILA ECOLÓGICA

Este cuadro resume el impacto ambiental de este ejemplar, desde su
creación hasta que llega a tus manos y acaba su vida útil.

HUELLA DE CARBONO (g CO_2 eq.)	RESIDUOS GENERADOS (g)	CONSUMO DE AIGUA (L)	CONSUMO DE ENERGIA (MJ)	CONSUMO DE MATERIAS PRIMAS (g)
894	119	32	31	585
162	18	5	5	85

Estos son los AHORROS que hemos conseguido generar en este
ejemplar aplicando criterios de ecoedición[*]
[*] Respecto una publicación común.

 La huella de carbono de este ejemplar es equivalente
a viajar 12.09 km en autobús